Heartfulness Financiero

Capitalización Estratégica de Activos Invisibles

Carlos Enrique Garcés Ventosa

Saúl Sánchez Macías

Sandra Valdez Ares

Heartfulness Financiero

Capitalización Estratégica de Activos Invisibles

Carlos Enrique Garcés Ventosa
Saúl Sánchez Macías
Sandra Valdez Ares
Primera edición: Noviembre 2023

ISBN: 9798870125381

D.R. © de esta edición: Carlos Enrique Garcés Ventosa y Saúl Sánchez Macías.

Av. 20 Oriente 2025-2. Col. Xonanca. Puebla, Puebla, México. CP. 72810

Teléfono +52 (55) 65 04 41 94

E.mail: carlos.garces@mipatrimonio.academy

www.mipatrimonio.academy

www.carlosgarces.mx

Diseño de portada: Ernesto Jiménez

Diseño editorial: Alfredo Ríos Gómez

Impreso en EEUU

DEDICATORIA

Con todo mi amor y eterno agradecimiento a Claudia Todd Segovia.

Se requiere de un gran corazón y de una inquebrantable Fe en Dios para revivir a un muerto...

Carlos Enrique Garcés Ventosa

A mi familia, fuente constante de inspiración; y a la vida... siempre misteriosa.

Saúl Sánchez Macías

A mi familia, Guadalupe Ares, Ricardo Valdez QEPD, a mis dos hijos, Héctor y Nico con todo el cariño.

Sandra Valdez Ares

A Él que nos motiva e inspira para ser mejores seres humanos y a quien consagramos siempre todos nuestros actos.

Agradecimientos

Nuestra filosofía de coaching patrimonial y metodología de heartfulness financiero se han enriquecido gracias al diálogo positivo con muchas personas, cuya participación también impulsó la elaboración de este libro. A cada una de ellas nuestro profundo agradecimiento. Agradecemos también a nuestro maestro, el doctor Ángel D´Marquez Calderón, por su amoroso acompañamiento, que en paz descanse. A Marco Aurelio Caparroso Chávez por sensibilizarnos respecto a los principales aspectos de la asesoría patrimonial. A Fernando Viveros por sus consejos y visión sobre los fideicomisos patrimoniales. A Federico Cedillo por las investigaciones que hemos realizado conjuntamente, en torno al network marketing mindset para el desarrollo de competencias de liderazgo y la bio-resonancia ontológica. A Eduardo Michael Nacer Ramos por sus generosas aportaciones en torno a la valuación de los activos intangibles. A Jesús y Eduardo Mejía Gutiérrez por haber despertado en nosotros la consciencia del valor que reside en las marcas de las empresas. A Checo Anaya y a su comprometido y exitoso equipo de colaboradores por mostrarnos la magia del marketing digital y su Fórmula de Alto Impacto. A Kissel Dávila por estar siempre dispuesta a colaborar con nosotros.

De igual forma, a cada una de las personas que nos han seguido y motivado, lo mismo leyendo nuestros libros que recomendando nuestras asesorías, talleres, seminarios y programas.

ÍNDICE

PRÓLOGO 11

INTRODUCCIÓN 13

1. EL HEARTFULNESS FINANCIERO: UN CAMBIO
HACIA LA ABUNDANCIA CON PROPÓSITO 19

Ia. EL PATRIMONIO 22
Ib. LA PROSPECTIVA Y LA GEOPOLÍTICA 28
Ic. EL MUNDO VUCA Y BANI: NAVEGANDO POR LAS AGUAS DE LAS INCERTIDUMBRE 35
Id. LA SECUENCIA CAUSAL
Y LAS SIETE LEYES 40
Ie. EL BLINDAJE PATRIMONIAL 47

2. EL TRABAJO PERSONAL 55

II.a LA TRANSFORMACIÓN DE HÁBITOS 59
IIb. LA COHERENCIA CARDIACA 66
IIc. COMPORTAMIENTOS, LIDERAZGO E INTELIGENCIA EMOCIONAL 70
II.d MENTALIDAD, ACTITUD Y ENFOQUE 75
IIe. LA GNOSEOLOGÍA Y LOS CINCO PRINCIPIOS PATRIMONIALES 78

3. LA GENERACIÓN DE INGRESOS 87

IIIa. LA GENERACIÓN DE NEGOCIO 88
IIIb. EL MARKETING DIGITAL 93
IIIc. EL ENTRENAMIENTO EN NEGOCIACIÓN 99
IIId. LOS INGRESOS PASIVOS 105
IIIe. ONCE FORMAS PARA CRECER LAS UTILIDADES 109

4. LA PREVISIÓN DE RIESGOS 119

IVa. LA ONTOLOGÍA DEL LENGUAJE EN LOS NEGOCIOS 123
IVb. EL ENTRENAMIENTO PARA MANEJAR LOS CONFLICTOS 132
IVc. LOS SEGUROS DE DAÑOS Y RIESGOS PERSONALES 136
IVd. LOS FIDEICOMISOS DE INVERSIÓN 146
IVe. EL TESTAMENTO 150

5. LA PLANEACIÓN DEL RETIRO

155

Va. EL RETIRO, LA JUBILACIÓN Y LAS PENSIONES
Vb. LOS TRES ELEMENTOS DEL RETIRO   161
Vc. LOS BENEFICIOS FISCALES DE LOS PLANES PERSONALES DEL RETIRO   164
Vd. LAS INVERSIONES PARA EL RETIRO: ETFs y FONDOS INDEXADOS   167
Ve. LA SUCESIÓN EMPRESARIAL: PROTOCOLO FAMILIAR Y GOBIERNO CORPORATIVO   175

6. LA CONSOLIDACIÓN DE ACTIVOS

179

VIa. INVERSIÓN VS CONSOLIDACIÓN EN BIENES RAÍCES   183
VIb. LA DIVERSIFICACIÓN INTERNACIONAL DE ACTIVOS   188
VIc. LA PROPIEDAD INTELECTUAL Y LOS NFTs   192
VId. LOS ACTIVOS INTANGIBLES   198
VIe. LOS FIDEICOMISOS DE PLANEACIÓN PATRIMONIAL   205

7. LA ESTRATEGIA DE BLINDAJE PATRIMONIAL

211

VIIa. LOS ONCE PILARES DEL BLINDAJE PATRIMONIAL   218
VIIb. LOS TRES OBJETIVOS DE LA META PATRIMONIAL   220
VIIc. ESTRATEGIA DE BLINDAJE PATRIMONIAL EN UNA PÁGINA   227
VIId. EL MODELO DE LAS 5Cs DE GESTIÓN PATRIMONIAL   234
VIIe. LA CAUSA   237

APÉNDICE

241

SOBRE LOS AUTORES

249

Prólogo

Es un honor y un placer presentar el libro "Heartfulness Financiero" Capitalización Estratégica de Activos Invisibles, una obra que abre las puertas a una nueva dimensión en la gestión de nuestras vidas financieras. Al igual que su título sugiere, este libro no solo se trata de números y balances; se trata de la conexión profunda que todos tenemos con nuestras finanzas, una relación que puede influir significativamente en nuestra calidad de vida y bienestar.

He tenido el privilegio de conocer a los autores de este libro a lo largo de nuestra carrera en la industria de seguros y previsión de riesgos. Su dedicación a la creación de soluciones financieras que van más allá de lo superficial, su pasión por ayudar a las personas a alcanzar sus metas y su comprensión de que la prosperidad financiera no es solo una meta, sino un viaje, son cualidades que resuenan conmigo y con todos aquellos que trabajan en nuestro campo.

"Heartfulness Financiero" nos desafía a mirar más allá de los números fríos y a sintonizar con el aspecto emocional y personal de nuestras finanzas. Aborda la importancia de encontrar un equilibrio entre la acumulación de riqueza y la búsqueda de la felicidad y la satisfacción personal. Los autores nos muestran cómo nuestras decisiones financieras pueden estar arraigadas en nuestras emociones y creencias, y cómo reconocer y gestionar estas emociones es esencial para tomar decisiones financieras sólidas y conscientes.

Uno de los conceptos clave que se destaca en este libro es el de la coherencia cardíaca, una técnica respaldada por el HeartMath Institute de California. Esta técnica nos enseña a conectar nuestro corazón y nuestra mente, lo que a su vez puede influir en nuestras decisiones financieras. Al aplicar estos principios, descubrimos que la prosperidad no es solo una cuestión de acumulación de riqueza, sino de cómo nos relacionamos con el dinero y cómo este puede ser un medio para lograr nuestros objetivos y vivir una vida plena.

"Heartfulness Financiero" también aborda temas importantes, como la planificación patrimonial, la inversión y la gestión de riesgos, pero lo hace con un enfoque único en la interconexión entre nuestras emociones y nuestras finanzas. Esto es particularmente relevante en el mundo de los seguros, donde comprendemos que, en última instancia, no estamos vendiendo pólizas, sino brindando seguridad y protección para las personas y sus seres queridos.

Así que, al embarcarse en la lectura de este libro, les insto a mantener sus corazones y mentes abiertos. Descubrirán cómo pueden tomar el control de sus vidas financieras, no desde un lugar de miedo o ansiedad, sino desde un lugar de confianza y claridad. Al hacerlo, estarán creando no solo una base sólida para su futuro financiero, sino también para una vida plena y con propósito.

En nombre de los autores y como amigo en la industria financiera, les invito a sumergirse en "Heartfulness Financiero" y a abrir sus corazones a la prosperidad de una manera completamente nueva.

Mariano Luna Téllez
Presidente de Luna Group
Noviembre 2023

Introducción

Después de ocho años de impartir seminarios y talleres de educación patrimonial fuimos identificado y puliendo la forma más efectiva para acompañar a nuestros clientes para planear la consecución de sus objetivos financieros, conseguir mejores niveles de bienestar y generar, conservar, proteger, consolidar y blindar su patrimonio. El presente trabajo lo hemos estructurado como guía y lectura complementaria de nuestro Programa Financiero Integral, procurando simplificar al extremo cada uno de los conceptos. Hemos buscado también aprovechar la tecnología para que nuestros estudiantes puedan descargar hojas de cálculo, archivos de texto, audios y videos de nuestra página web (www.mipatrimonio.academy) para aprovechar al máximo nuestro Método de Capitalización Estratégica de Activos Invisibles.

El título de nuestro programa tiene que ver con algunas experiencias personales que tanto Saúl, Sandra y yo tuvimos al buscar herramientas complementarias para la implementación de nuestra filosofía de coaching patrimonial y que describimos en el libro El Corazón de mi Patrimonio (Editorial Pax. México 2014). Una de ellas fue la práctica de una rutina inspirada en el libro "Mañanas Milagrosas" de Hal Elrod y que pretendía facilitar la aplicación de los trece principios del éxito que Napoleón Hill detalla en su libro Piense y Hágase Rico escrito en 1957. La rutina la denominamos **Heartfulness Financiero** ya que sin saberlo constaba de tres prácticas fundamentales: meditación, limpieza y oración, en un enfoque integrado prácticamente idéntico a los elementos de la práctica del Heartfulness que tanto Kamlesh D. Patel como Joshua Pollock nos muestran en su libro "The Heartfulness Way" (New Harbinger Publications, Oakland CA, 2018).

Nuestra práctica de esta rutina nos llevó a disminuir significativamente el estrés, a tener mayor confianza, a conectarnos nuevamente con nuestro Creador, pero sobre todo a identificar los pensamientos negativos y tóxicos que afectaban la consecución de nuestros objetivos esenciales y financieros. La transformación ha sido notoria, gratificante y nos ha inspirado para desarrollar este trabajo.

Cuando se está en paz y se fortalece la confianza se toman mejores decisiones y también se desarrolla la intuición que nos ayuda a encontrar naturalmente y sin esfuerzo las oportunidades económicas y de negocios. El "**Heartfulness Financiero**" tiene el objetivo de acompañar a nuestros clientes en este proceso y también el de colaborar co-creativamente con ellos para generar, conservar, proteger, consolidar y blindar su patrimonio utilizando las mejores prácticas, herramientas y productos financieros que se ofertan actualmente en el mundo.

Nuestro método "**Heartfulness Financiero**" o Capitalización Estratégica de Activos Invisibles tiene tres fundamentos, el primero consiste en la identificación y clarificación del valor de patrimonio que se desea lograr a mediano plazo (de 15 a 20 años) así como del valor actual de ese patrimonio. El segundo tiene que ver con la realización de un diagnóstico integral a manera de "Check up médico" de comportamientos e inteligencia emocional con la que obtenemos la información tanto de carácter consciente como inconsciente que se utiliza para construir tanto un plan como una estrategia personalizada que requiere cada individuo en relación con sus posibilidades y principales fortalezas. El tercer fundamento tiene que ver con el establecimiento de los Objetivos y Resultados Clave (OKRs – Objectives and Key Results) y sus respectivos Indicadores Clave de Desempeño (KPIs- Key Performance Indicators), tanto financieros como esenciales. Para los KPI financieros utilizamos herramientas simples en hojas de cálculo que permiten observar y controlar los ingresos, el gasto, la sucesión, la protección, el retiro, la diversificación de los activos y la deuda. Para los KPI esenciales utilizamos dispositivos de medición de la coherencia cardiaca (Inner Balance Trainer) y un dispositivo que mide la bio-resonancia ontológica de cada persona (Mars III de Bruce Copen Laboratories). También el dispositivo Healy Resonance Plus Edition.

Nos hemos planteado como meta noble el fortalecimiento de la cultura patrimonial a través de la creación de la disciplina del Coaching Patrimonial como filosofía y práctica para su fortalecimiento.

Hemos definido a la Cultura Patrimonial como el saber generar, conservar, proteger, consolidar y blindar el patrimonio, entendiendo como patrimonio tanto a los bienes esenciales como a los bienes materiales de una persona que se prepara y que se cultiva para ser una ontología poderosa capaz de progresar en cualquier futuro posible.

Ser una ontología poderosa quiere decir, ser un ser humano con capacidad de hacer, de ejecutar y de transformarse a sí mismo y a su entorno generando y consolidando un patrimonio que le permita salir adelante y progresar en cualquier tipo de escenario político, social, económico y ambiental presente, pero sobre todo futuro.

México es hoy en día la quinceava economía más grande del mundo, somos el séptimo país en cuanto a riqueza de patrimonio cultural de la humanidad antecedido solamente por Italia, China, España, Francia, Alemania y la India. Poseemos un verdadero patrimonio prehispánico de culturas que pocos países del mundo tiene el privilegio de presumir. No nos falta ninguna riqueza natural. Sin embargo, el nivel de desigualdad entre ricos y pobres es uno de los más vergonzosos y alarmantes del planeta. Resulta contradictorio que en un país tan rico patrimonialmente no exista cultura patrimonial y que la cultura financiera sea tan básica e incomprendida. Buscamos abatir la pobreza, combatiendo la pobreza mental.

Hoy, la humanidad está enfrentando una de las crisis más extrañas, retadoras y complejas. Después de la pandemia del

COVID 19 el mundo como lo hemos conocido jamás volverá a hacer el mismo. Con absoluta certeza la forma de generar, conservar, proteger, consolidar blindar nuestro patrimonio será completamente diferente. Lo que a algunos les funcionó en el pasado no necesariamente seguirá siendo efectivo en al futuro. Es nuestro deber y obligación comenzar a despertar sobre todo lo que se empieza a mostrar y para descubrir de que va la jugada y hacia donde nos dirigen.

La Asamblea General de las Naciones Unidas estructuró y definió en septiembre de 2015 la Agenda 2030 para el Desarrollo Sostenible, un plan de acción supuestamente a favor de las personas, el planeta y la prosperidad, que también tiene la intención de fortalecer la paz universal y el acceso a la justicia. A manera de prospectiva internacional es importante conocer las nuevas reglas en las que operará el mundo y el impacto que esto tendrá en nuestra vida, nuestras relaciones, nuestras finanzas y en la forma en la que deberemos de construir nuestro patrimonio. Los Estados miembros de las Naciones Unidas aprobaron una resolución en la que reconocen que el mayor desafío del mundo actual es la erradicación de la pobreza y afirman que sin lograrla no puede haber desarrollo sostenible. Es decir, se exigirá obediencia y se premiará la lealtad dentro de un régimen absolutista supranacional. Esto es lo que viene.

Debemos de empezar a pensar diferente, de lo contrario nuestros resultados como nación seguirán siendo exactamente los mismos. Pero quizá el secreto es que debemos de empezar a sentir, sentir es el secreto… y eso solamente se puede hacer desde el corazón.

En un mundo donde la búsqueda de la estabilidad financiera y el crecimiento del patrimonio son metas ineludibles, surge un enfoque revolucionario que combina la sabiduría financiera con la esencia misma de nuestra humanidad. "Heartfulness financiero" no es simplemente otro libro sobre consejos y estrategias financieras; es un manual que fusiona la inteligencia financiera con la profundidad del corazón, trazando un camino hacia la prosperidad y el bienestar integral.

A lo largo de estas páginas, exploraremos cómo la conexión entre los objetivos financieros y los anhelos profundos del corazón puede transformar radicalmente la forma en que abordamos nuestras finanzas. La premisa fundamental es que, al igual que cualquier otra área de nuestras vidas, nuestras decisiones financieras pueden ser moldeadas por nuestras aspiraciones más profundas y nuestros valores centrales.

Carlos Enrique Garcés Ventosa

Saúl Sánchez Macías

Sandra Valdez Ares

Noviembre 2023

I. EL HEARTFULNESS FINANCIERO: UN CAMBIO HACIA LA ABUNDANCIA CON PROPÓSITO

"El secreto de la prosperidad en el futuro es la inversión en la educación del presente"

John F. Kennedy

Bienvenido a **"Heartfulness Financiero"**, un método de Capitalización Estratégica de Activos Invisibles diseñado específicamente para ti, que te ayudará a descubrir un enfoque único y efectivo para gestionar y hacer crecer tu patrimonio. En este viaje de autoconocimiento y desarrollo de competencias, te sumergirás en un camino que abarca cinco áreas esenciales: hábitos financieros, generación de ingresos, previsión de riesgos, planeación del retiro y consolidación de activos.

La palabra "heartfulness" nos habla de la importancia de un corazón pleno. Aquí, no solo nos enfocamos en aspectos técnicos y matemáticos, sino que también valoramos la identificación y la capitalización de tus deseos más profundos. Este programa te permitirá desarrollar tu intuición y lograr una coherencia completa entre lo que sientes, piensas, dices y haces. En resumen, "Heartfulness Financiero" te brinda las herramientas para abrir tu corazón y alcanzar lo que realmente mereces.

Nuestra inspiración proviene del Raja Yoga, una antigua disciplina india que te conecta con tu Ser interior más elevado. A través de técnicas meditativas, esta práctica te ayuda a iluminar la luz divina de tu corazón, eliminando las emociones y experiencias negativas que puedan estar afectando tu bienestar financiero.

El "Heartfulness" es un camino único y accesible que despierta la sabiduría y la inspiración que se encuentran en tu corazón, transformándote desde dentro. Con la práctica del "Heartfulness" experimentas estados superiores de conciencia y descubres la alegría de una vida verdaderamente centrada en el corazón, llena de compasión, amor y aceptación.

Estamos seguros de que nuestro método "**Heartfulness Financiero**" de Capitalización Estratégica de Activos Invisibles te conducirá hacia una comprensión más profunda de tu patrimonio y te permitirá tomar decisiones financieras basadas en tus valores y deseos auténticos. El "Heartfulness Financiero" te lleva de la mano para alcanzar tu máximo potencial financiero.

Entendemos que el mundo financiero puede ser un lugar complicado y abrumador, pero con "**Heartfulness Financiero**," aprenderás a navegarlo con claridad y autenticidad, construyendo un patrimonio que refleje quién eres realmente. ¡Prepárate para transformar tu vida financiera desde el corazón!

Nota: Algunos pasajes citados han sido tomados de "El camino del Heartfulness" por Joshua Patel y Kamlesh D./Pollock (1 de marzo de 2020), con el propósito de enriquecer la introducción de este programa.

EL MINDFULNESS Y EL HEARTFULNESS

En la incansable búsqueda de la prosperidad financiera y el crecimiento patrimonial, a menudo nos inmiscuimos en un mundo de estrategias y tácticas financieras, pasando por alto un aspecto fundamental: la conexión entre el corazón y las decisiones financieras. Te invitamos a explorar un enfoque más allá del "mindfulness," uno que integra tanto la mente como el corazón en la generación, conservación, protección, consolidación y blindaje de tu patrimonio.

El "mindfulness" ha cobrado importancia como una práctica que nos permite estar presentes en el momento, gestionar emociones y tomar decisiones más conscientes. Sin embargo, el "heartfulness" va un paso más allá al abrazar al corazón como el epicentro de nuestras acciones financieras. Reconocer la importancia de amarnos y respetarnos a nosotros mismos es crucial para establecer metas coherentes, inspiradoras y motivadoras. El "heartfulness" nos invita a trascender el enfoque meramente cognitivo, integrando la intuición y las emociones en nuestras elecciones financieras.

El concepto del "mindfulness" se origina en las prácticas antiguas budistas y meditativas, destacando la conciencia plena y la observación de pensamientos y emociones sin juicio. La práctica del silencio interior, similar al "mindfulness," busca calmar la mente y potenciar la concentración. Estas técnicas son invaluables para tomar decisiones más claras y conscientes, especialmente en el ámbito financiero.

El "heartfulness" incorpora la coherencia cardiaca como piedra angular. Este estado de sincronización entre corazón y cerebro resulta en equilibrio emocional y toma de decisiones más efectiva. A través de prácticas como la respiración consciente y la gratitud, el "heartfulness" fomenta el desarrollo de la coherencia cardiaca, mejorando la relación entre emociones y decisiones financieras.

LA CONEXIÓN CON LAS FINANZAS Y LAS ESTRATEGIAS PATRIMONIALES

La práctica del "heartfulness" no es un secreto para los más ricos y exitosos. A lo largo de la historia, numerosos líderes empresariales y financieros han reconocido la necesidad de alinear sus metas con sus valores personales y emociones. Desde la planificación estratégica hasta la inversión prudente, la coherencia entre mente y corazón ha demostrado ser una estrategia poderosa.

Los individuos más ricos no solo acumulan riqueza material, sino que también valoran el equilibrio entre acciones y una perspectiva integral y sostenible. La coherencia cardiaca y el "heartfulness" les permiten tomar decisiones financieras basadas en valores sólidos y una comprensión profunda de sus objetivos.

En el nombre de nuestro método **"Heartfulness Financiero" de Capitalización Estratégica de Activos Invisibles,** la introducción del concepto "heartfulness" busca fusionar la inteligencia financiera con la inteligencia emocional, reconociendo que nuestras decisiones financieras están intrínsecamente relacionadas con nuestras aspiraciones y emociones más profundas. Al considerar el corazón como una parte integral de nuestra gestión patrimonial, podemos tomar decisiones conscientes, centradas y coherentes, siguiendo los pasos de aquellos que han encontrado un éxito duradero al combinar sus metas financieras con su autenticidad interior. El **"Heartfulness Financiero"** no solo es una práctica transformadora, sino también un camino hacia la verdadera realización financiera y personal. ¡Bienvenido a un viaje hacia la abundancia con propósito!

Ia. EL PATRIMONIO

El término "patrimonio" es más profundo de lo que generalmente se interpreta. Originario del latín *"patrimonium"*, proviene de dos palabras: *"pater"*, que significa "padre", y *"monium"*, que se refiere a "calidad, propiedad o condición". La etimología sugiere que patrimonio no se limita únicamente a la herencia material que recibimos de nuestros padres, como bienes o propiedades, aunque esto es parte de su significado.

El patrimonio es un concepto más amplio y abarca todo lo que has heredado, no solo de tus padres, sino también de tu cultura, educación y experiencias. Esto incluye no solo activos materiales como dinero, propiedades e inversiones, sino también activos intangibles como conocimientos, habilidades, valores, relaciones y reputación.

Conocer el valor preciso de tu patrimonio es fundamental por varias razones:

Toma de decisiones: Saber cuánto posees te permite tomar decisiones financieras más acertadas. Puedes establecer objetivos realistas, planificar tu futuro y medir tu capacidad para asumir riesgos.

Gestión efectiva: La administración de tu patrimonio implica optimizar su crecimiento y protección. Para lograrlo, es esencial comprender su alcance y composición.

Seguridad y estabilidad: Tu patrimonio puede brindarte seguridad y estabilidad financiera. Esto influye directamente en tu calidad de vida y en tu capacidad para enfrentar situaciones inesperadas.

Herencia: Si planeas legar tu patrimonio a las generaciones futuras, conocer su valor es esencial para garantizar una distribución equitativa y planificar adecuadamente la herencia.

En cuanto a los factores internos, los valores, creencias, pensamientos y emociones desempeñan un papel crítico en cómo gestionas tu patrimonio. Tus valores personales influirán en tus decisiones financieras, determinando si priorizas el ahorro, la inversión o el consumo. Tus creencias y pensamientos pueden afectar tu percepción de la riqueza y la abundancia. Tus emociones, como el miedo o la ambición, pueden impulsar o frenar tus acciones financieras.

Además, existen factores externos, como las condiciones económicas y geopolíticas, que también influyen en la salud de tu patrimonio. Los cambios en los mercados financieros, regulaciones fiscales y acontecimientos globales, como crisis económicas o conflictos geopolíticos, pueden tener un impacto significativo en tu patrimonio.

Por lo tanto, comprender y gestionar tu patrimonio requiere un enfoque completo que considere no solo los aspectos materiales, sino también los aspectos emocionales y psicológicos. Esto te permite tomar decisiones financieras informadas y mantener un equilibrio saludable en tu relación con el dinero y la riqueza.

LA ASESORÍA PATRIMONIAL ABARCA UNA GRAN CANTIDAD DE TEMAS Y DISCIPLINAS

La labor de un asesor patrimonial es realmente multifacética y requiere una amplia preparación. El rol del coach patrimonial aborda un campo de acción que abarca una variedad de áreas, desde activos financieros hasta bienes raíces, bienes muebles e incluso activos intangibles. La siguiente ilustación muestra el campo de acción del coach patrimonial:

Activos líquidos (nacionales e internacionales): Debe tener un profundo conocimiento de los mercados financieros, incluyendo acciones, bonos, fondos mutuos, divisas y otros instrumentos. Esto implica seguir de cerca los cambios en los mercados nacionales e internacionales y ser capaz de brindar a sus clientes consejos sólidos sobre sus inversiones.

Bienes inmuebles: Comprender conceptos complejos como la co-propiedad y la nuda propiedad es esencial al tratar con bienes raíces. Puede ayudar a sus clientes a tomar decisiones informadas sobre inversiones inmobiliarias, planificación de sucesiones y más.

Bienes muebles: Esto incluye acciones de empresas, inversiones en varios instrumentos financieros y planificación para el retiro. Su conocimiento aquí es crucial para ayudar a sus clientes a construir un portafolio financiero diversificado y sostenible.

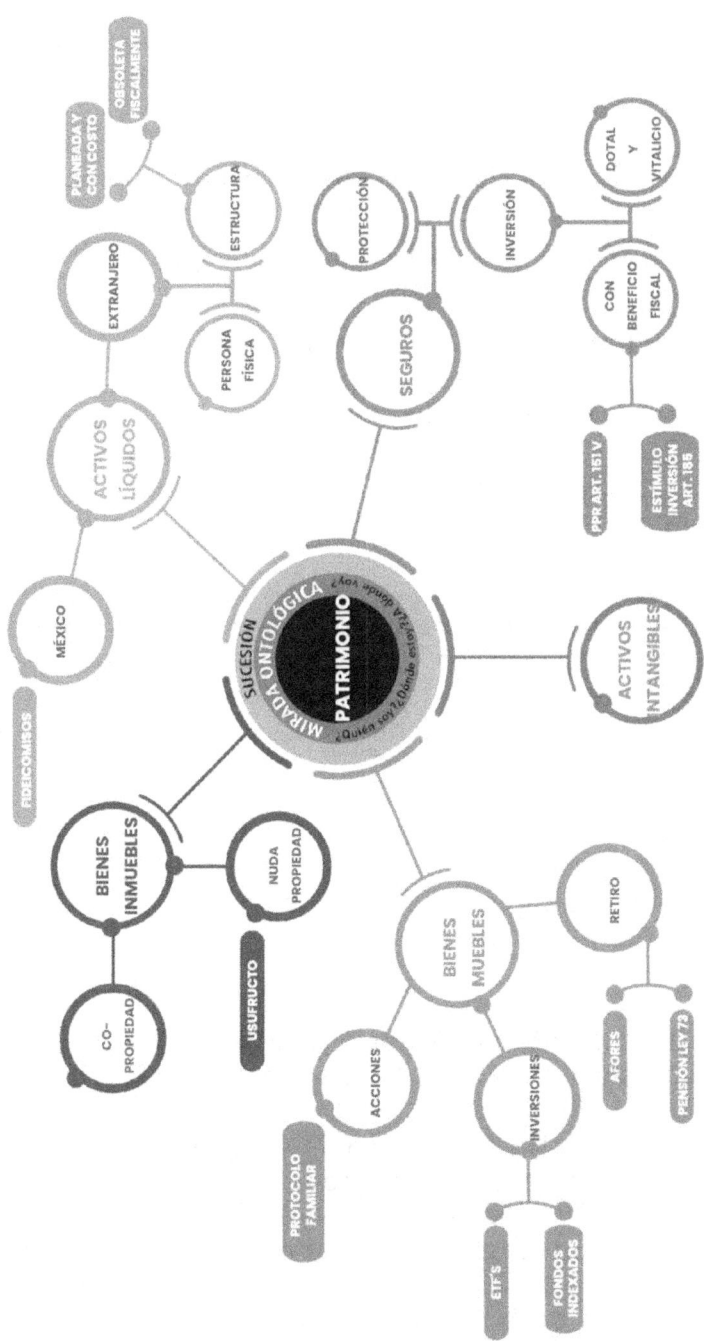

Activos intangibles: Los activos intangibles, como marcas y know-how, pueden ser vitales para empresas y personas. Debe poder evaluar y gestionar estos activos de manera efectiva.

Seguros (daños y riesgos personales): Comprender los seguros de daños y riesgos personales es fundamental para ayudar a sus clientes a gestionar y minimizar riesgos financieros.

Sensibilidad ontológica: Este aspecto es igualmente importante. Significa que debe tener la habilidad de escuchar y comprender a sus clientes a nivel profundo. Necesita conocer quiénes son, dónde están en la vida y hacia dónde desean dirigirse. Esto le permitirá personalizar sus recomendaciones y estrategias para satisfacer sus necesidades y objetivos únicos.

El papel como asesor y coach patrimonial requiere no solo conocimientos técnicos sólidos en una variedad de áreas, sino también una comprensión profunda de las metas, valores y deseos de sus clientes. Esta combinación de habilidades técnicas y sensibilidad ontológica le permitirá ofrecer un asesoramiento financiero verdaderamente efectivo y personalizado. Es una profesión que implica una constante búsqueda de conocimiento y una dedicación para ayudar a sus clientes a alcanzar su seguridad financiera y bienestar en todas las dimensiones de su vida.

OPRAH WINFREY: EJEMPLO INSPIRADOR DE PLANIFICACIÓN PATRIMONIAL INTEGRAL

Un ejemplo inspirador de planificación patrimonial integral es el de la empresaria y magnate de los medios de comunicación, Oprah Winfrey. Aunque es ampliamente conocida por su éxito en la televisión y los medios, su enfoque en la gestión de su patrimonio es igualmente impresionante. A continuación, te mostramos algunos aspectos clave de su enfoque:

Diversificación de ingresos: Oprah ha diversificado su patrimonio a lo largo de su carrera. Más allá de su famoso programa de televisión, ha invertido en una variedad de negocios, incluyendo su propia red de televisión, una empresa de producción de medios, inversiones inmobiliarias y la gestión de una revista. Esta diversificación le ha permitido asegurar sus ingresos a lo largo del tiempo.

Planificación fiscal: Oprah ha trabajado en estrecha colaboración con asesores fiscales y financieros para optimizar su carga fiscal. Esto incluye estrategias de planificación fiscal y caritativa, lo que le permite gestionar de manera efectiva su riqueza y contribuir a causas benéficas importantes.

Educación financiera: Oprah reconoce la importancia de la educación financiera. A lo largo de los años, ha buscado constantemente aprender más sobre finanzas e inversión. También ha utilizado su plataforma para educar a su audiencia sobre cuestiones financieras, empoderándolos con el conocimiento.

Filantropía significativa: Oprah es conocida por su compromiso filantrópico. A través de su Fundación Oprah Winfrey, ha realizado donaciones significativas para apoyar la educación y otras causas importantes. Su filantropía es una parte integral de su enfoque patrimonial y refleja su deseo de contribuir al bienestar de la sociedad.

Mantener una perspectiva equilibrada: A pesar de su inmenso éxito, Oprah valora la importancia de mantener un equilibrio en su vida. Esto incluye no solo la gestión de su patrimonio, sino también la gestión del tiempo, la salud y el bienestar. Su enfoque holístico en la vida es una lección valiosa.

Oprah Winfrey es un ejemplo inspirador de cómo una planificación patrimonial integral no se trata solo de acumular riqueza, sino de administrarla de manera sabia y utilizarla para crear un impacto positivo en el mundo. Su enfoque en la diversificación, la educación financiera, la filantropía y el equilibrio es un modelo para seguir para aquellos que buscan gestionar su patrimonio de manera efectiva.

Ib. LA PROSPECTIVA Y LA GEOPOLÍTICA

LA PROSPECTIVA

La prospectiva es una disciplina que se enfoca en estudiar y analizar tendencias y escenarios futuros para tomar decisiones informadas en el presente. En el contexto de la gestión patrimonial, la prospectiva es esencial por varias razones:

Anticipación de cambios: La prospectiva permite anticipar cambios y tendencias que podrían afectar tu patrimonio. Esto incluye factores económicos, sociales, políticos y tecnológicos que podrían influir en tus activos y pasivos.

Planificación estratégica: Al comprender las tendencias futuras, puedes desarrollar una planificación estratégica sólida. Esto implica tomar decisiones informadas sobre cómo invertir, diversificar y proteger tu patrimonio en función de lo que se prevé en el futuro.

Gestión de riesgos: La prospectiva ayuda a identificar posibles riesgos y amenazas para tu patrimonio. Al estar al tanto de estos riesgos, puedes tomar medidas proactivas para mitigarlos y proteger tus activos.

Aprovechamiento de oportunidades: La prospectiva también te permite identificar oportunidades emergentes. Podrías descubrir nuevas áreas de inversión o enfoques que podrían impulsar tu patrimonio.

Conservación y crecimiento: Con una visión clara del futuro, puedes trabajar en la conservación y el crecimiento de tu patrimonio de manera sostenible. Esto implica tomar decisiones financieras y de inversión informadas que estén alineadas con tus objetivos a largo plazo.

Blindaje patrimonial: Uno de los aspectos más importantes es el blindaje patrimonial. Al anticipar riesgos legales, fiscales o de cualquier otro tipo, puedes implementar estrategias para proteger tus activos y minimizar la exposición a situaciones adversas.

Adaptación a cambios: El mundo está en constante cambio. La prospectiva te brinda la capacidad de adaptarte a estos cambios de manera más eficaz, lo que es esencial para la conservación y el crecimiento del patrimonio.

La prospectiva es una herramienta esencial en la gestión patrimonial. Te permite ser proactivo en lugar de reactivo, tomar decisiones informadas y estratégicas, y asegurarte de que tu patrimonio esté bien protegido y preparado para enfrentar los desafíos y oportunidades futuras. La inversión en prospectiva es una inversión en la seguridad y el éxito a largo plazo de tu patrimonio.

LA GEOPOLÍTICA

La geopolítica se refiere al estudio de cómo los factores geográficos, políticos y económicos influyen en las decisiones y relaciones entre los países en el escenario mundial. Es importante para las personas estar informadas sobre las principales variables geopolíticas por varias razones:

Impacto en la economía: Las decisiones y eventos geopolíticos pueden tener un impacto significativo en la economía mundial. Los conflictos comerciales, las sanciones, los acuerdos internacionales y otros factores pueden afectar los mercados financieros, las tasas de cambio y el comercio internacional. Estos cambios pueden, a su vez, influir en la situación financiera de las personas, desde sus inversiones hasta su capacidad para encontrar empleo.

Seguridad del patrimonio: La geopolítica puede influir en la seguridad del patrimonio. Los conflictos y las tensiones internacionales pueden tener implicaciones en la estabilidad económica y la seguridad de una región o país. Las personas deben estar informadas sobre estos asuntos para tomar decisiones relacionadas con la protección de su patrimonio y la gestión de riesgos.

Diversificación de inversiones: Comprender la geopolítica puede ayudar a las personas a diversificar sus inversiones de manera más efectiva. La diversificación geográfica es una estrategia importante para reducir el riesgo en las carteras de inversión. Con un conocimiento sólido de la situación geopolítica, las personas pueden tomar decisiones de inversión más informadas y mitigar riesgos asociados con eventos internacionales.

Planificación fiscal: Las regulaciones fiscales y los acuerdos internacionales pueden influir en la planificación fiscal de las personas. Los tratados de doble imposición, las políticas de repatriación de ganancias y otros factores geopolíticos pueden tener un impacto en la carga fiscal de las personas. Estar al tanto de estos aspectos es fundamental para una planificación fiscal eficiente.

Influencia en las decisiones personales: Las tensiones geopolíticas pueden influir en las decisiones personales, como la elección de dónde vivir, trabajar o estudiar. Estar informado sobre la situación geopolítica puede ayudar a las personas a tomar decisiones que estén alineadas con sus objetivos y valores personales.

Crecimiento económico: La geopolítica también puede influir en el crecimiento económico de un país. Las relaciones internacionales y las políticas comerciales pueden impulsar o frenar el desarrollo económico. Esto a su vez afecta las oportunidades de empleo, los salarios y el acceso a servicios y recursos.

Estar informado sobre la geopolítica es esencial para tomar decisiones financieras y personales informadas. Las personas deben comprender cómo los eventos y decisiones a nivel internacional pueden influir en su patrimonio y bienestar general. Mantenerse al tanto de las principales variables geopolíticas es una parte importante de la educación financiera y la gestión patrimonial.

LA AGENDA 2030

La Agenda 2030 es un plan de acción global adoptado por 193 países miembros de las Naciones Unidas en septiembre de 2015. Su objetivo principal es abordar los desafíos más apremiantes a nivel mundial, como la erradicación de la pobreza, la protección del medio ambiente y la promoción de la paz y la prosperidad para todos. La Agenda 2030 está compuesta por 17 Objetivos de Desarrollo Sostenible (ODS), que abarcan áreas como la erradicación de la pobreza, la igualdad de género, la acción climática, la educación y muchos otros aspectos del desarrollo sostenible.

Es fundamental que las personas conozcan las implicaciones de la Agenda 2030 para construir su patrimonio de manera segura y estratégica en los años venideros por varias razones:

Cambio en la economía: La implementación de los ODS y la atención al desarrollo sostenible están cambiando la dinámica económica en muchos países. Las inversiones y los negocios que estén alineados con los ODS pueden tener ventajas competitivas y acceso a mercados emergentes.

Inversiones responsables: Cada vez más, los inversores y fondos de inversión están considerando factores ambientales, sociales y de gobierno corporativo (ASG) al tomar decisiones de inversión. Conocer y alinearse con los ODS puede ayudar a los inversionistas a identificar oportunidades que generen impacto positivo y rendimientos financieros sostenibles.

Gestión de riesgos: Los riesgos asociados con problemas ambientales y sociales, como el cambio climático y la desigualdad, pueden tener un impacto significativo en los activos y el patrimonio de las personas. Comprender las implicaciones de la Agenda 2030 puede ayudar a gestionar estos riesgos y tomar medidas proactivas para proteger el patrimonio.

Reputación empresarial: Las empresas que se alinean con los ODS pueden mejorar su reputación y relaciones con los clientes, lo que puede influir en su éxito financiero. Las personas que son conscientes de estas tendencias pueden optar por hacer negocios con empresas comprometidas con la sostenibilidad.

Oportunidades de carrera: La Agenda 2030 también está influyendo en las decisiones de contratación y desarrollo de talento en muchas organizaciones. Las personas que comprenden los ODS pueden estar mejor posicionadas para aprovechar oportunidades de carrera en campos relacionados con el desarrollo sostenible.

Implicaciones legales y regulatorias: La implementación de los ODS está siendo respaldada por regulaciones y legislaciones en varios países. Estar al tanto de estas implicaciones legales es crucial para la planificación financiera y patrimonial.

En resumen, conocer la Agenda 2030 y sus implicaciones es esencial para construir y proteger el patrimonio en un mundo en constante cambio. La adopción de un enfoque estratégico y sostenible en la toma de decisiones financieras puede ayudar a las personas a navegar por los desafíos y oportunidades que presenta la economía global en evolución.

RECOMENDACIONES DE ESTUDIO

Aquí tienes una tabla de recomendaciones de estudio para planear y construir tu patrimonio en función de la prospectiva, la geopolítica y la Agenda 2030:

Tema de Estudio	Descripción	Recomendaciones
Prospectiva	Estudia los conceptos de prospectiva, que se refieren a la anticipación y planificación de futuros posibles.	Lee libros o artículos sobre prospectiva y futurismo. *"El Arte de la Prospectiva y la Estrategia" de Michel Godet.* *"Megatendencias: Diez Nuevas Direcciones de Cambio" de John Naisbitt y Patricia Aburdene.* *"El Futuro de la Mente: El Juego que Cambiará tu Vida" de Michio Kaku.*
		Participa en seminarios o cursos de prospectiva.
		Practica la creación de escenarios futuros para tu patrimonio.

Geopolítica	Comprende las dinámicas políticas, económicas y sociales a nivel global y cómo afectan tu patrimonio.	Mantente al día con las noticias internacionales y análisis.
		Estudia libros de geopolítica y relaciones internacionales. *"El Choque de Civilizaciones" de Samuel P. Huntington. "El Prisionero de la Geografía: Diez Mapas que Te Explicarán el Mundo" de Tim Marshall. "El Pivote de la Historia: China y las Nuevas Rutas de la Seda" de Bruno Macaes.*
		Analiza el impacto de eventos geopolíticos en tus activos.

Agenda 2030	Familiarízate con los Objetivos de Desarrollo Sostenible (ODS) y cómo pueden influir en tu patrimonio.	Estudia los 17 ODS y su aplicación en diversos campos.
		Investiga cómo las inversiones pueden alinearse con los ODS.
		Participa en iniciativas locales o globales relacionadas con ODS.

Estudiar estos temas te permitirá tomar decisiones financieras y patrimoniales más informadas, considerando posibles escenarios futuros, factores geopolíticos y oportunidades relacionadas con la Agenda 2030. Mantén una mentalidad abierta a la adaptación y la evolución de tus estrategias a medida que adquieras más conocimientos en estas áreas. La combinación de estas perspectivas puede ser valiosa para la planificación y construcción de tu patrimonio en un mundo en constante cambio.

Ic. EL MUNDO VUCA Y BANI: NAVEGANDO POR LAS AGUAS DE LAS INCERTIDUMBRE

En el actual entorno VUCA y BANI, caracterizado por la Volatilidad, la Incertidumbre, la Complejidad y la Ambigüedad además de Quebradizo, Ansioso, No lineal e Incompatible, resulta esencial adoptar un enfoque diferente para gestionar y conservar tu patrimonio. Este es un mundo en constante cambio, donde las reglas y las condiciones pueden transformarse de un día para otro.

VUCA: Volátil, Incierto, Complejo y Ambiguo

Volatilidad: Los mercados financieros experimentan fluctuaciones drásticas, y las situaciones económicas pueden cambiar de manera repentina. Ante esta volatilidad, debes estar preparado para ajustar tus estrategias de inversión y protección patrimonial en consecuencia.

Incertidumbre: La incertidumbre es una constante en el mundo VUCA. No podemos predecir con seguridad qué sucederá en el futuro, lo que dificulta la planificación a largo plazo. Esto destaca la necesidad de mantener una flexibilidad financiera y estar listo para adaptarte a los cambios.

Complejidad: La complejidad de los mercados financieros, las leyes fiscales y las opciones de inversión puede ser abrumadora. Tu enfoque debe ser simplificar cuando sea posible y buscar asesoramiento profesional cuando sea necesario.

Ambigüedad: La ambigüedad se refiere a la falta de claridad y la abundancia de información contradictoria. En este mundo, es fundamental confiar en tus instintos, adquirir conocimiento y rodearte de expertos de confianza.

AMAZON Y SU GESTIÓN DE LA INCERTIDUMBRE

Un excelente ejemplo de una empresa que ha tenido éxito al utilizar el enfoque VUCA es Amazon. Fundada por Jeff Bezos en 1994 como una tienda en línea de libros, Amazon se ha convertido en una de las compañías más grandes y diversas del mundo. Aquí te mostramos cómo Amazon ha abrazado y prosperado en un entorno VUCA:

Volatilidad: El mercado minorista y de comercio electrónico es altamente volátil. Amazon ha abrazado esta volatilidad al expandir constantemente su gama de productos y servicios, desde libros hasta productos electrónicos, servicios de transmisión y computación en la nube. La empresa no teme a la disrupción y ha utilizado su agilidad para adaptarse rápidamente a las cambiantes demandas del mercado.

Incertidumbre: Amazon se ha destacado en un mundo incierto al invertir en tecnologías emergentes y experimentar con nuevos modelos comerciales. La adopción temprana de la tecnología de inteligencia artificial y la robótica en sus centros de cumplimiento es un ejemplo de su enfoque en la incertidumbre.

Complejidad: El crecimiento de Amazon ha llevado a una complejidad logística significativa. Sin embargo, en lugar de alejarse de esto, la empresa ha invertido fuertemente en sistemas y tecnologías que permiten la gestión eficiente de su vasta red de distribución. Esto ha hecho que la complejidad sea una ventaja competitiva.

Ambigüedad: Amazon ha prosperado en un entorno donde la ambigüedad es común. En lugar de esperar a que la incertidumbre se disipe, la empresa ha utilizado datos y análisis avanzados para tomar decisiones basadas en la información disponible. También ha buscado la diversificación en industrias como el entretenimiento y la adquisición de Whole Foods para abordar la ambigüedad.

El éxito de Amazon en un entorno VUCA se debe en gran parte a su mentalidad centrada en el cliente, su capacidad para la innovación constante y su determinación para asumir riesgos calculados. La empresa ha demostrado que, en lugar de temer la volatilidad, la incertidumbre, la complejidad y la ambigüedad, puede prosperar en estos entornos si se aborda con una mentalidad abierta y una voluntad de adaptación continua.

BANI: *Brittle, Anxious, Non-linear y Incomprehensible* (quebradizo, ansioso, no lineal e incomprensible)

Quebradizo (*Brittle*): En un entorno BANI, las estructuras y sistemas pueden romperse con facilidad. Tus estrategias patrimoniales deben ser resistentes y capaces de soportar con solidez los choques financieros.

Ansioso (*Anxious*): La ansiedad es una característica común en un mundo BANI. Debes aprender a manejar tus emociones financieras y mantenerte enfocado en tus objetivos a pesar de la incertidumbre.

No Lineal (*Non-linear*): Los eventos en un mundo BANI no siguen una secuencia lógica. Esto significa que debes estar abierto a soluciones y enfoques no convencionales en la gestión patrimonial.

Incomprensible (*Incomprehensible*): La complejidad del mundo BANI puede dificultar la comprensión de lo que está ocurriendo. Un asesor patrimonial competente puede ayudarte a descifrar esta complejidad y a tomar decisiones informadas.

NETFLIX EJEMPLO DE ÉXITO EN EL ENTORNO ACTUAL

Un ejemplo destacado de una empresa que ha tenido éxito al adoptar el enfoque BANI es Netflix. La compañía de transmisión de contenidos en línea ha demostrado ser ágil y receptiva en un entorno empresarial caracterizado por la BANI: brittleness (quebradizo), anxiety (ansiedad), non-linearity (no linealidad) e incomprehensibility (incomprensibilidad).

Veamos cómo Netflix ha abrazado con éxito estos principios:

Quebradizo (*Brittleness*): El mercado del entretenimiento y la transmisión de contenido es altamente quebradizo. Las preferencias de los consumidores cambian rápidamente, y las tendencias y los gustos evolucionan constantemente. Netflix ha abrazado esta naturaleza quebradiza al invertir en su propio contenido original y al adaptarse rápidamente a las preferencias cambiantes de los espectadores. Su capacidad para producir y promover contenido fresco y relevante le ha permitido mantenerse en la cima de la industria.

Ansiedad (*Anxiety*): La ansiedad es común en un mundo de entretenimiento altamente competitivo. Netflix ha reconocido la importancia de calmar esta ansiedad a través de la inversión en algoritmos de recomendación de contenido y la personalización de la experiencia del usuario. Estas estrategias ayudan a los usuarios a descubrir contenido de manera más eficiente, lo que a su vez reduce la ansiedad de elección y mejora la satisfacción del cliente.

No Linealidad (*Non-linearity*): El mercado del entretenimiento es no lineal, con una variedad de plataformas, dispositivos y modos de visualización. Netflix ha adoptado con éxito esta no linealidad al permitir a los usuarios acceder a su contenido en una amplia gama de dispositivos, desde televisores hasta teléfonos móviles. Además, su modelo de suscripción flexible permite a los espectadores consumir contenido a su propio ritmo, sin estar atados a horarios lineales.

Incomprensibilidad (*Incomprehensibility*): La industria del entretenimiento es a menudo incomprensible, con múltiples variables que influyen en el éxito o el fracaso de una serie o película. Netflix ha abrazado la analítica de datos y el aprendizaje automático para comprender mejor las preferencias del público y crear contenido que resuene con su audiencia. Esto ha contribuido a su éxito en la producción de contenido original que a menudo se convierte en un fenómeno cultural.

Netflix ha demostrado ser una empresa altamente adaptable y eficiente que ha tenido éxito al abrazar los principios de BANI en la industria de la transmisión de contenidos. Su capacidad para anticipar y responder a la quebradura, la ansiedad, la no linealidad y la incomprensibilidad en el mercado del entretenimiento la ha convertido en un líder en su sector. La flexibilidad, la innovación y la atención constante al cliente son componentes clave de su éxito continuo.

Para conservar y proteger tu patrimonio en un mundo VUCA y BANI, debes adoptar un enfoque adaptable y resistente. La agilidad mental y emocional, la simplificación de estrategias, la confianza en expertos y la disposición para la innovación son fundamentales en este entorno en constante cambio. Mantén tus objetivos claros, mantén la calma y prepárate para navegar con éxito las aguas turbulentas de la gestión patrimonial en el siglo XXI.

Te Invitamos a ver este video:

Id. LA SECUENCIA CAUSAL
Y LAS SIETE LEYES

LA SECUENCIA CAUSAL DE LA
CONSTRUCCIÓN DE PATRIMONIO

La construcción patrimonial es un proceso intrincado y en constante evolución que abarca diversas etapas de nuestra vida. La secuencia causal es como un hilo conductor que une nuestro pasado, presente y futuro, y es fundamental para comprender cómo nuestros valores, pensamientos, emociones y acciones interactúan para forjar tanto nuestro patrimonio material como esencial.

Todo empieza en el pasado, con la raíz de nuestra identidad: nuestros valores. Estos valores son la esencia misma de nuestro existir. Son las creencias fundamentales que definen lo que es importante para nosotros, lo que guía nuestras decisiones y acciones. Nuestra identificación de estos valores es el punto de partida, la causa que establece el tono para el viaje de construcción patrimonial que emprenderemos.

En el presente, se desarrollan nuestros pensamientos, lo que llamamos "el estar". Estos pensamientos son el resultado de una mezcla única de nuestros valores, experiencias y conocimientos adquiridos. A medida que procesamos información y evaluamos opciones, estos pensamientos dan origen a nuestras emociones, "el ser". Nuestras emociones son respuestas subjetivas a situaciones y pensamientos, y tienen un poderoso impacto en nuestras decisiones y acciones.

Es en el cruce de pensamientos y emociones que se toman las decisiones, "el hacer". Estas decisiones son el resultado directo de nuestras valoraciones y sentimientos. En este punto, nuestras elecciones comienzan a esculpir el camino hacia nuestro futuro patrimonial. Cada acción que tomamos, cada inversión que realizamos y cada paso que damos están influenciados por nuestra secuencia causal interna.

El futuro, "el tener", es el resultado de las decisiones que tomamos en el presente. Es donde el patrimonio material comienza a tomar forma. Nuestras elecciones financieras, inversiones y esfuerzos laborales convergen para dar lugar a la acumulación de riqueza y activos. Este es el momento en el que nuestras acciones tangibles se materializan en bienes y recursos.

Pero el viaje de construcción patrimonial no se detiene ahí. Una vez que hemos alcanzado ciertos objetivos desde el punto de vista material, llegamos al estado de "el trascender". Este es el punto en el que reflexionamos sobre el propósito más profundo de nuestra riqueza y cómo podemos impactar positivamente en nuestra vida y en la de los demás. Es aquí donde nuestro patrimonio esencial se revela: el legado que dejamos, las conexiones que creamos y la contribución que hacemos a la sociedad.

En resumen, la secuencia causal de la construcción patrimonial es una trayectoria que fluye desde nuestros valores fundamentales en el pasado hasta el legado que dejamos en el futuro. Cada paso en esta secuencia (desde identificar valores hasta tomar decisiones, y desde acumular riqueza material hasta trascender hacia un patrimonio esencial) es esencial para un enfoque integral y significativo de la gestión patrimonial. Hay que reconocer que los valores y bienes trascendentales son la causa y el patrimonio material y esencial son el efecto y que nos permite abordar la construcción patrimonial con autenticidad y propósito.

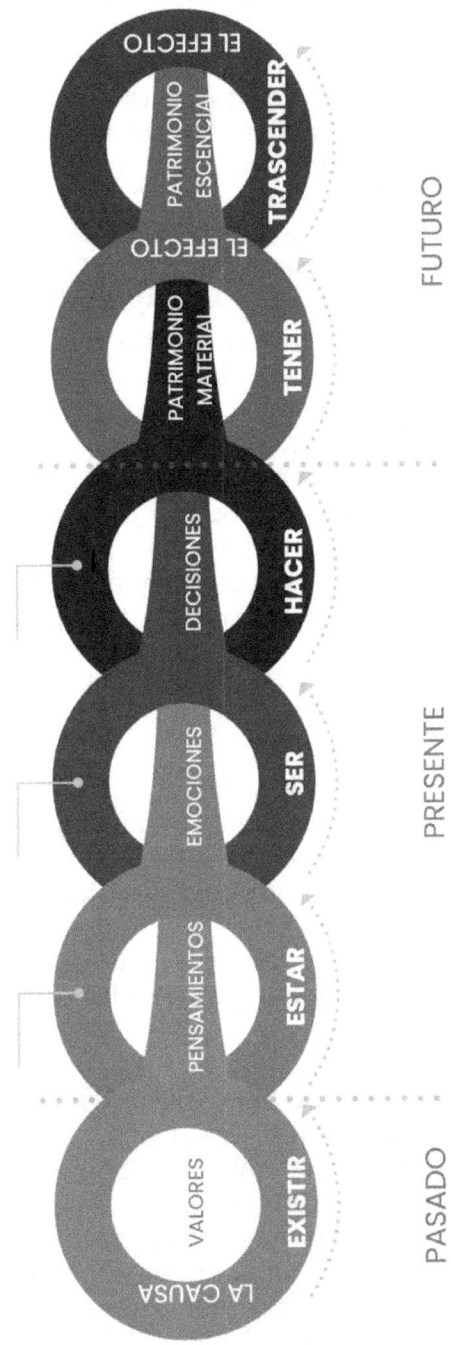

LAS SIETE LEYES DE LA GENERACIÓN PATRIMONIAL

En el vasto cosmos que nos rodea, las leyes físicas gobiernan la manera en que el universo funciona. Del mismo modo, en la búsqueda de materializar nuestros sueños y construir un patrimonio sólido, también existe una serie de condiciones que deben cumplirse en un orden específico para lograr resultados significativos y duraderos. Estas condiciones, que para fines didácticos llamaremos las "Siete Leyes de la Generación Patrimonial", desempeñan un papel esencial en nuestra trayectoria financiera y en la generación, conservación, protección, consolidación y blindaje de nuestro patrimonio.

Ley de la observación: Al igual que en la física, donde la observación es clave para entender el funcionamiento del universo, en las finanzas personales, la observación es crucial. Debemos ser conscientes de nuestra situación financiera actual, comprender nuestras deudas, gastos y fuentes de ingresos. Sin una comprensión clara de dónde estamos, es difícil trazar un camino hacia dónde queremos llegar.

Ley de la flexibilidad: Al adaptarse a las leyes naturales del universo, nuestras estrategias también deben ser flexibles. En la construcción patrimonial, esto se traduce en estar dispuestos a ajustar nuestros planes a medida que cambian las circunstancias económicas y personales. La adaptabilidad nos permite navegar por los desafíos y aprovechar las oportunidades inesperadas.

Ley de la afluencia: En el universo, la energía fluye constantemente. En nuestras finanzas, la ley de la afluencia se refiere a la generación constante de ingresos y oportunidades. Es fundamental crear fuentes de ingresos múltiples y diversificadas para asegurar una afluencia continua de recursos, lo que nos permitirá construir y mantener nuestro patrimonio a lo largo del tiempo.

Ley de la precisión: En la física, la precisión es esencial para calcular las trayectorias y movimientos de los objetos. En nuestras finanzas, la precisión se refiere a la planificación detallada y al seguimiento meticuloso de nuestras transacciones. Llevar registros precisos nos ayuda a tomar decisiones informadas y a mantener un control efectivo sobre nuestros recursos.

Ley del deseo ferviente: Al igual que la gravedad mantiene los planetas en órbita, un deseo ferviente actúa como un imán que nos impulsa hacia nuestros objetivos financieros. Un fuerte deseo de conservar y proteger nuestro patrimonio nos motiva a tomar medidas audaces y persistentes para alcanzar nuestras metas, superando obstáculos en el camino.

Ley del bienestar: En el universo, el equilibrio y la armonía son esenciales para la supervivencia de los sistemas. En nuestras finanzas, el bienestar abarca tanto la salud física como la mental y emocional. Un estado de bienestar nos permite tomar decisiones más claras y racionales, lo que nos lleva a decisiones y acciones financieras más informadas y exitosas.

Ley de la consolidación: Al igual que los elementos en el universo se unen para formar estructuras más grandes, en la construcción patrimonial, la consolidación se refiere a la acumulación y optimización de nuestros activos y recursos. Consolidar nuestras inversiones y activos nos permite maximizar los beneficios y la seguridad a largo plazo.

Estas siete leyes no solo son una guía para generar un patrimonio sólido, sino que también son una invitación a comprender que, al igual que en el universo, hay un orden y un equilibrio en nuestras acciones financieras. Al aplicar estas leyes en secuencia, desde la observación inicial hasta la consolidación final, podemos crear un camino sólido hacia la realización de nuestros sueños financieros y la construcción de un patrimonio significativo y duradero.

APPLE Y LAS SIETE LEYES DE LA CONSTRUCCIÓN PATRIMONIAL

Apple Inc. Es un ejemplo de una empresa que ha tenido mucho éxito y en la que podemos ver como se observan las siete leyes:

Observación: Apple comenzó con una observación crucial por parte de Steve Jobs y Steve Wozniak en 1976: la observación de que había una demanda creciente para las computadoras personales que fueran fáciles de usar. Esta observación inicial sentó las bases para la creación de la primera computadora personal de Apple, la Apple I.

Flexibilidad: A lo largo de su historia, Apple ha demostrado flexibilidad al adaptarse a las cambiantes circunstancias del mercado. Por ejemplo, en la década de 1990, Apple se enfrentó a dificultades financieras, pero bajo el liderazgo de Steve Jobs, se reinventó y diversificó su gama de productos, incluyendo la introducción de dispositivos como el iPod, iPhone y iPad, lo que llevó al renacimiento de la compañía.

Afluencia: Apple ha establecido una fuente constante de ingresos a través de múltiples productos y servicios, como la venta de hardware (iPhones, iPads, MacBooks), software (iOS, macOS) y servicios (Apple Music, App Store). Esta diversificación en sus fuentes de ingresos ha sido fundamental para mantener un flujo constante de recursos.

Precisión: Apple es conocida por su enfoque en la calidad y la atención al detalle en la fabricación de sus productos. La precisión y la atención meticulosa a los detalles son características de la empresa, desde el diseño de hardware hasta el software.

Deseo ferviente: Steve Jobs, el cofundador de Apple, era conocido por su pasión y su deseo ferviente de crear productos innovadores y revolucionarios. Su visión y determinación impulsaron a Apple a alcanzar el éxito. Su deseo de hacer productos excepcionales motivó a toda la organización.

Bienestar: Apple reconoce la importancia del bienestar de sus colaboradores y promueve un entorno de trabajo saludable y equilibrado. Esto ha contribuido a que sus colaboradores estén en condiciones de tomar decisiones más claras y racionales, lo que ha llevado a decisiones y acciones financieras más informadas y exitosas.

Consolidación: Apple ha logrado consolidar su posición como una de las empresas más valiosas del mundo. A través de estrategias como la inversión en investigación y desarrollo, adquisiciones estratégicas y lealtad de los clientes, la empresa ha optimizado sus activos y recursos, maximizando así sus beneficios y su seguridad a largo plazo.

Apple comenzó con una observación clave, se adaptó a los cambios del mercado, diversificó sus fuentes de ingresos, mantuvo altos estándares de calidad, se guió por la pasión y el deseo ferviente de crear productos excepcionales, promovió el bienestar y logró consolidar su posición en el mercado. Como resultado, Apple se ha convertido en una de las empresas más icónicas y valiosas del mundo.

1e. EL BLINDAJE PATRIMONIAL

LA PIRÁMIDE DE CONSTRUCCIÓN PATRIMONIAL

La pirámide de construcción patrimonial es una representación visual de cómo se construye y asegura el patrimonio a lo largo de la vida. Esta pirámide se basa en un enfoque de desarrollo financiero y patrimonial progresivo. Cada nivel representa una fase crucial en la creación y protección del patrimonio. La auténtica protección radica en la organización y el orden en cada etapa. A continuación, te mostramos brevemente cada nivel de la pirámide:

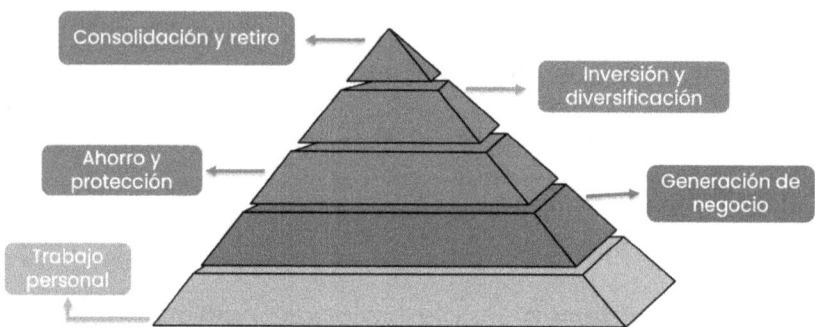

Trabajo personal: La base de la pirámide comienza con el trabajo personal. Esto incluye la educación, el desarrollo de habilidades y la construcción de una carrera sólida. Cuanto mejor te prepares en esta etapa, más oportunidades tendrás de generar ingresos sólidos en el futuro.

Generación de negocio: Una vez que has establecido tu negocio y comenzado a generar ingresos, el siguiente nivel es administrar eficazmente esos ingresos. Esto incluye acrecentarlos y diversificar las fuentes para generarlos, además de eficientizar los procesos para controlar los gastos y evitar deudas innecesarias. El equilibrio entre ingresos y gastos es fundamental para construir riqueza.

Ahorro y previsión de riesgos: Con una base de ingresos estables, debes comenzar a ahorrar. Esto no solo implica acumular un fondo de emergencia, sino también protegerte contra riesgos financieros, como enfermedades o accidentes, a través de seguros adecuados.

Inversiones y diversificación: A medida que acumulas ahorros, puedes comenzar a invertir. La inversión es esencial para hacer crecer tu patrimonio con el tiempo. La diversificación de tus inversiones, tanto en términos de clases de activos como de ubicaciones geográficas, reduce el riesgo.

Consolidación de activos y retiro: Finalmente, en la parte superior de la pirámide, se encuentra la consolidación de activos y la planificación del retiro. Esto implica reunir todos tus activos, incluyendo inversiones, propiedades y otros bienes, y crear un plan sólido para la jubilación. La planificación adecuada del retiro te permite mantener tu calidad de vida después de dejar de trabajar.

La verdadera protección patrimonial radica en la organización y el orden en cada etapa de esta pirámide. Aquí hay algunas pautas clave:

> **Presupuesto:** Lleva un presupuesto sólido para controlar tus gastos y garantizar que puedas ahorrar e invertir de manera efectiva.

> **Gestión de riesgos:** Mantén seguros adecuados para protegerte a ti y a tu familia de riesgos financieros inesperados.

> **Diversificación:** Diversifica tus inversiones para reducir el riesgo y aumentar las posibilidades de obtener ganancias.

> **Planificación del retiro:** Comienza a planificar tu retiro temprano y considera la diversificación de activos en esta etapa para garantizar que tengas suficientes recursos para una jubilación cómoda.

La construcción patrimonial es un proceso a largo plazo que requiere disciplina, paciencia y un enfoque metódico en cada etapa de la pirámide. Con la debida diligencia en cada nivel, podrás proteger y hacer crecer tu patrimonio de manera más efectiva.

EL BLINDAJE ESTRATÉGICO DE TU PATRIMONIO

El término "blindar" se utiliza comúnmente en el contexto financiero y patrimonial para significar la protección de activos y recursos, tanto materiales como inmateriales, contra posibles riesgos, amenazas o pérdidas. El objetivo de blindar el patrimonio es garantizar que esté resguardado de eventos inesperados que puedan afectarlo adversamente, como crisis económicas, situaciones legales complicadas, conflictos políticos o desastres naturales.

Para blindar tu patrimonio, considera los siguientes consejos:

Diversificación de activos: La diversificación es una estrategia clave para reducir riesgos. Invierte en una variedad de activos, como bienes raíces, acciones, bonos, metales preciosos, cryptoactivos (negocios digitales) y otros, tanto en tu país como en el extranjero. Esto puede ayudarte a mitigar el impacto de eventos locales adversos.

Seguros adecuados: Asegúrate de tener pólizas de seguros de daños, seguros de vida, seguros de salud y seguros de responsabilidad civil, según tus necesidades. Los seguros pueden proteger tus activos y recursos en caso de accidentes, enfermedades o daños materiales.

Planificación fiscal: Trabaja con un asesor fiscal para optimizar tu situación tributaria. Conocer y aprovechar las leyes fiscales y beneficios legales puede ayudarte a minimizar los impuestos y preservar tu riqueza.

Planificación testamentaria y de sucesión: Prepara un testamento y establece un plan de sucesión para garantizar que tus activos se distribuyan de acuerdo con tus deseos. Esto evita conflictos familiares y legales en el futuro.

Educación financiera: Mantente informado sobre los cambios económicos, políticos y geográficos que puedan afectar tus finanzas. Estar al tanto de las tendencias y desarrollos te permitirá tomar decisiones financieras más informadas.

Asesoramiento profesional: Busca el consejo de asesores patrimoniales, asesores legales y asesores financieros calificados. Ellos pueden ayudarte a tomar decisiones informadas y estratégicas en función de la prospectiva y geoplítica.

Reservas de efectivo: Mantén un fondo de emergencia que cubra al menos seis meses de gastos en caso de crisis financiera. Esto te dará un colchón de seguridad en tiempos de incertidumbre económica.

Seguridad cibernética: Protege tus activos digitales, como cuentas bancarias y cuentas de inversión, con fuertes medidas de seguridad cibernética. Usa contraseñas seguras, autenticación de dos factores y mantén tus sistemas actualizados.

Mantén una mentalidad estratégica: Mantén una visión a largo plazo de tu patrimonio y evita decisiones impulsivas basadas en la volatilidad a corto plazo de los mercados o eventos geopolíticos. La planificación estratégica es fundamental.

Adaptabilidad: Estate dispuesto a ajustar tus estrategias patrimoniales a medida que cambien las condiciones prospectivas y geopolíticas. La flexibilidad y la adaptabilidad son esenciales en un mundo en constante cambio.

Blindar tu patrimonio no significa evitar todos los riesgos, ya que eso es prácticamente imposible. En cambio, se trata de tomar medidas proactivas para minimizar los riesgos y mitigar las posibles consecuencias negativas de eventos imprevistos. La planificación adecuada y el asesoramiento profesional son fundamentales en este proceso.

EL CHECKLIST DEL BLINDAJE PATRIMONIAL

TÁCTICA	DESCRIPCIÓN	% DE AVANCE
Seguros personales y empresariales	Contratar seguros adecuados es esencial para proteger el patrimonio de tu empresa y el tuyo personal. Esto incluye seguros vida, de propiedad, responsabilidad civil, accidentes laborales y otros que sean relevantes para tu industria.	
Diversificación de inversiones	No pongas todos los huevos en la misma canasta. Diversificar tus inversiones reduce el riesgo de pérdida y ayuda a preservar el patrimonio en el largo plazo.	
Estructura legal adecuada	Considera la posibilidad de crear una estructura legal adecuada para tu empresa, como una sociedad limitada o una sociedad anónima, para proteger los activos de la empresa y limitar la responsabilidad personal.	
Planificación tributaria	Una buena planificación fiscal puede ayudarte a minimizar la carga tributaria de tu empresa, lo que a su vez contribuye a la protección del patrimonio.	

Contratos y acuerdos sólidos	Asegúrate de que todos los contratos y acuerdos comerciales sean sólidos y estén bien redactados para proteger los intereses de tu empresa.	
Gobierno corporativo	Establece prácticas de gobierno corporativo sólidas y asegúrate de que se sigan adecuadamente. Esto ayuda a prevenir la mala gestión y posibles abusos.	
Protección de propiedad intelectual	Registra y protege tus activos de propiedad intelectual, como patentes, marcas comerciales y derechos de autor, para evitar la apropiación indebida.	
Auditorías y revisión financiera	Realiza auditorías periódicas y revisa las finanzas de tu empresa para detectar posibles irregularidades a tiempo.	
Reservas de emergencia	Mantén reservas de efectivo para hacer frente a situaciones imprevistas, como crisis económicas o problemas de flujo de efectivo.	
Asesoramiento profesional	Asesoramiento Profesional: Consulta con abogados, contadores y otros expertos en patrimonio empresarial para asegurarte de estar tomando las medidas adecuadas.	

Otros	*Describelo aqui:*	

2. EL TRABAJO PERSONAL

"Nuestra recompensa se encuentra en el esfuerzo y no en el resultado. Un esfuerzo total es una victoria completa."

Mahatma Gandhi

La palabra "trabajo" tiene una etimología interesante y una rica historia en su evolución. Proviene del latín *"tripalium"*, que originalmente se refería a un instrumento de tortura de tres palos utilizado para castigar a esclavos y animales. Con el tiempo, su significado evolucionó y amplió su contexto.

La transición de *"tripalium"* de un instrumento de tortura a su significado moderno relacionado con la actividad laboral refleja un cambio significativo en la percepción del trabajo a lo largo de la historia. Esto sugiere cómo las sociedades han pasado de ver el trabajo como una carga o un castigo a reconocerlo como una parte fundamental de la vida y una fuente de productividad y crecimiento.

Hoy en día, el "trabajo" se define generalmente como la actividad realizada para lograr un propósito, ganar un salario o contribuir al bienestar de uno mismo y de la sociedad. A lo largo de la historia, la evolución de esta palabra refleja un cambio profundo en la percepción y la valoración del trabajo en la vida de las personas, convirtiéndose en una parte esencial de la existencia y un medio para obtener recursos, autorrealización y contribuir al desarrollo de la comunidad.

Por otra parte, la palabra "persona" tiene también una curiosa etimología y un significado profundo. Proviene del latín *"persona"*, que originalmente se refería a una máscara o un personaje que un actor usaba en una representación teatral. Esta máscara estaba diseñada para amplificar la voz del actor y acentuar sus rasgos faciales, permitiéndole interpretar varios roles en una obra.

Con el tiempo, la palabra "persona" evolucionó y adoptó un significado más amplio relacionado con la identidad de un individuo. Se refiere a la máscara social que una persona presenta al mundo, que incluye su personalidad, roles, características, y cómo se relaciona con los demás en diferentes contextos.

En un sentido filosófico y legal, la "persona" se refiere a un individuo con derechos y responsabilidades. Este concepto reconoce la singularidad de cada ser humano y su posición en la sociedad. La palabra "persona" encapsula la idea de que cada individuo es único y tiene un conjunto de derechos y deberes en su vida social y legal.

En el contexto patrimonial, la comprensión de la palabra "persona" es esencial, ya que los activos, las inversiones y la planificación patrimonial se relacionan con la identidad y los intereses de una persona. Además, reconoce que cada persona es única y debe considerarse individualmente en la gestión de su patrimonio.

El trabajo personal implica el proceso de autoconocimiento y autodescubrimiento. Es el acto de desenmascararnos, liberándonos de las barreras que nos impiden generar, conservar, proteger, consolidar y blindar nuestro patrimonio.

Este trabajo personal es esencial para comprender y superar las limitaciones autoimpuestas que pueden obstaculizar la construcción y protección efectiva de nuestro patrimonio. Permite el desarrollo de una mentalidad sólida y saludable, que es crucial para enfrentar desafíos financieros y tomar decisiones inteligentes.

En este libro y en nuestro Programa Financiero Integral, exponemos varios ejemplos de cómo el trabajo personal puede marcar la diferencia en la gestión patrimonial:

1. **Autoconciencia y metas:** Un individuo que se conoce a sí mismo en profundidad tiene una comprensión clara de sus metas financieras y sus prioridades, lo que le permite establecer un plan patrimonial efectivo.

2. **Gestión de emociones:** Aprender a lidiar con las emociones y evitar decisiones financieras impulsivas puede proteger y hacer crecer el patrimonio. Trabajar en la gestión de emociones puede evitar la venta de inversiones durante una recesión o la toma de riesgos excesivos por la euforia del mercado.

3. **Aprendizaje constante:** El trabajo personal implica la búsqueda continua de conocimiento y habilidades financieras. Aprender sobre inversiones, estrategias fiscales y planificación a largo plazo puede aumentar la eficacia en la gestión del patrimonio.

4. **Comunicación asertiva:** Aprender a comunicarse de manera efectiva con asesores financieros, contadores y otros profesionales es fundamental. Una comunicación asertiva garantiza que los deseos y necesidades se comprendan y se reflejen en el plan patrimonial.

5. **Creación de valores y principios claros:** Definir los valores y principios personales es un aspecto importante del trabajo personal. Esto ayuda a tomar decisiones financieras que estén alineadas con la visión y las creencias individuales.

El trabajo personal, como se describe en este libro y se entrena con nuestro **Método de Capitalización Estratégica de Activos Invisibles,** es una parte integral de la gestión patrimonial exitosa y puede ser la base para una estrategia patrimonial sólida y personalizada.

LA HISTORIA DE J.K. ROWLING ANTES DE ESCRIBIR LA SERIE DE LIBROS DE HARRY POTTER

J.K. Rowling, la mundialmente famosa autora británica conocida por la serie de libros de Harry Potter, es un claro ejemplo de alguien que se destacó por su trabajo personal y forjó un próspero patrimonio.

Rowling pasó por momentos difíciles antes de alcanzar el éxito. Cuando comenzó a escribir la primera novela de Harry Potter, estaba divorciada, vivía como madre soltera y dependía de la asistencia social para sobrevivir. Sin embargo, su pasión por la escritura y la creación de historias la llevó a perseguir su sueño con determinación.

Durante años, trabajó en cafeterías en Edimburgo, Escocia, mientras escribía la primera novela de la serie. Su trabajo personal y su compromiso con la escritura eran innegables. En 1997, "Harry Potter y la piedra filosofal" se publicó, y el mundo quedó cautivado por la historia del joven mago.

La serie de Harry Potter se convirtió en un fenómeno literario y cinematográfico, generando ventas masivas de libros, películas y productos relacionados. El trabajo de Rowling no solo le proporcionó una inmensa riqueza, sino que también le brindó una influencia significativa en la cultura popular.

A través de su éxito, J.K. Rowling ha utilizado su riqueza para apoyar diversas causas benéficas y organizaciones. Su historia destaca cómo el trabajo personal, la creatividad y la pasión pueden llevar a la creación de un patrimonio próspero, independientemente de los desafíos iniciales que uno pueda enfrentar.

II.a LA TRANSFORMACIÓN DE HÁBITOS

Transformar hábitos negativos en hábitos positivos es crucial para tu bienestar financiero y patrimonial. Aquí tienes algunas razones y consejos para facilitar esta transformación:

Importancia de transformar hábitos negativos:

Mejora tu estabilidad financiera: Hábitos negativos, como el gasto impulsivo o la falta de ahorro, pueden poner en riesgo tu seguridad financiera. Al transformar estos hábitos, construyes una base sólida para tu futuro económico.

Alcanza tus metas financieras: Los hábitos negativos a menudo te alejan de tus objetivos financieros. Cambiarlos te permite avanzar hacia metas como la compra de una casa, la inversión o la jubilación sin preocupaciones.

Reduce el estrés: Los problemas financieros suelen ser una fuente significativa de estrés. La mejora de tus hábitos financieros disminuye esta carga emocional y te brinda paz mental.

Consejos para transformar hábitos:

Identifica patrones negativos: Reconocer los hábitos negativos es el primer paso. Lleva un registro de tus gastos, ahorros y decisiones financieras para identificar patrones perjudiciales.

Establece metas claras: Define metas financieras específicas, como ahorrar un cierto monto cada mes o pagar deudas en un plazo determinado. Las metas te brindarán motivación y un propósito claro para transformar tus hábitos.

Crea un plan detallado: Diseña un plan con pasos concretos para cambiar tus hábitos. Por ejemplo, si deseas reducir gastos innecesarios, elabora un presupuesto y asigna un límite de gasto para cada categoría.

Busca apoyo: Comparte tus objetivos con amigos o familiares de confianza. La responsabilidad compartida puede mantenerte enfocado y motivado.

Busca recursos y educación: Aprovecha recursos como libros, cursos en línea o asesoramiento financiero para aprender más sobre la gestión del dinero y el desarrollo de hábitos financieros positivos.

Celebra los logros: Reconoce y celebra tus éxitos, incluso los pequeños avances. Las recompensas pueden motivarte a seguir adelante.

Sé paciente: Transformar hábitos toma tiempo y esfuerzo. No te desanimes si tienes retrocesos. Aprende de ellos y continúa trabajando en tus metas financieras.

Automatiza procesos: Utiliza herramientas de automatización para facilitar la gestión de tus finanzas. Establecer transferencias automáticas de ahorro e inversión garantiza que cumplas con tus compromisos financieros sin tener que pensarlo constantemente.

Fomenta la autorreflexión: Dedica tiempo regularmente para reflexionar sobre tus hábitos financieros y evaluar tu progreso. La autorreflexión te ayudará a mantenerte en el camino correcto.

Encuentra reemplazos saludables: En lugar de simplemente eliminar un hábito negativo, encuentra alternativas saludables. Por ejemplo, si gastabas en compras impulsivas, considera practicar la meditación o el ejercicio como una actividad para liberar el estrés en su lugar.

La transformación de hábitos negativos a positivos es un proceso constante, pero con determinación y enfoque, puedes mejorar significativamente tu situación financiera y patrimonial, así como tu calidad de vida en general.

LOS HÁBITOS ATÓMICOS: LA CIENCIA DE LA PROSPERIDAD FINANCIERA

Como acabamos de ver, en la búsqueda de la prosperidad financiera, es fundamental reconocer que los hábitos son los elementos básicos que componen la seguridad económica. Al igual que los átomos forman la materia, los hábitos financieros son las acciones cotidianas que constituyen los cimientos de una vida económica exitosa. Inspirados en los principios del libro "Hábitos Atómicos" de James Clear, te mostramos a continuación un enfoque integral de creación, conservación, protección, consolidación y blindaje del patrimonio fusionando la filosofía del crecimiento personal con la disciplina financiera.

La Regla del 1% y la fuerza de los pequeños pasos:

"Hábitos Atómicos" presenta la "regla del 1%", una filosofía que propone mejorar un modesto 1% cada día. Esta filosofía puede aplicarse con éxito a nuestras finanzas personales. En lugar de esperar hasta tener grandes sumas de dinero para invertir, podemos dar los primeros pasos. Asignar tan solo un 1% de nuestros ingresos hacia inversiones o ahorros marca una gran diferencia con el tiempo. Como los átomos se combinan para formar moléculas, estas pequeñas inversiones se acumulan gradualmente, creando nuestra riqueza futura.

Automatización financiera para hábitos duraderos:

La automatización es un principio clave en "Hábitos Atómicos". En las finanzas, la automatización implica establecer sistemas automáticos para el ahorro e inversión. Configurando transferencias automáticas hacia cuentas de ahorro o inversiones, evitamos la tentación de gastar ese dinero. Al igual que los hábitos atómicos se vuelven parte de nuestra rutina diaria, la automatización financiera se convierte en esencial en nuestra vida económica. Esto garantiza un fortalecimiento constante de nuestra posición financiera sin necesidad de un esfuerzo constante.

Inversión como diversificación de hábitos financieros:

En el mundo financiero, la diversificación minimiza el riesgo. Siguiendo la analogía de los hábitos atómicos, la inversión se asemeja a diversificar nuestros hábitos financieros. Al igual que la diversificación de inversiones reduce riesgos, diversificar nuestros hábitos financieros nos hace más resistentes a los cambios económicos. Esto implica no solo ahorrar e invertir, sino también educarnos constantemente, buscar oportunidades y adaptarnos a circunstancias cambiantes.

La Ley de Parkinson y la gestión eficiente del tiempo:

En "Hábitos Atómicos" se aborda la Ley de Parkinson, que sostiene que una tarea se expande para llenar el tiempo disponible. Esto se relaciona directamente con la gestión del tiempo en el ámbito financiero. Cuando se trata de ahorro e inversión, establecer plazos realistas y priorizar eficientemente permite aprovechar al máximo el tiempo y los recursos disponibles. Al establecer un marco de tiempo para alcanzar metas financieras, nos obligamos a tomar medidas consistentes en lugar de posponer decisiones.

La gratificación demorada y la construcción de la riqueza:

La gratificación demorada, un concepto fundamental en "Hábitos Atómicos", es igualmente relevante en las finanzas. La mentalidad de querer resultados instantáneos puede llevar a decisiones financieras impulsivas. Al adoptar una mentalidad de gratificación demorada, estamos dispuestos a posponer pequeñas recompensas a corto plazo en favor de logros financieros significativos a largo plazo. Esto se aplica tanto al ahorro como a la inversión. Al renunciar a gastos innecesarios y enfocarnos en nuestras metas financieras, sentamos las bases para la construcción de riqueza sostenible.

Los hábitos atómicos pueden ser una base de la prosperidad financiera, y su aplicación aporta una visión poderosa para alcanzar una vida económica exitosa. Al abrazar la regla del 1%, la automatización, la diversificación de hábitos financieros, la gestión eficiente del tiempo y la gratificación demorada, construyes un camino sólido hacia la prosperidad y la seguridad patrimonial. Como los átomos forman las moléculas y estructuras más grandes, estos pequeños hábitos se combinan para crear una base sólida que resiste las pruebas del tiempo y las fluctuaciones del mercado.

NUESTRO MÉTODO "HEARTFULNESS FINANCIERO" CAPITALIZACIÓN ESTRATÉGICA DE ACTIVOS INVISIBLES

Como comentamos en la introducción de este libro, después de varios años de impartir seminarios y talleres de educación patrimonial fuimos identificado y puliendo la forma más efectiva para acompañar a nuestros clientes para planear la consecución de sus objetivos financieros, conseguir mejores niveles de bienestar y generar, conservar, proteger, consolidar y blindar su patrimonio.

Desarrollamos un **MÉTODO DE CAPITALIZACIÓN ES-TRATÉGICA DE ACTIVOS INVISIBLES** que denominamos **"HEARTFULNESS FINANCERO**". Y generalmente lo impartimos dentro de un **Programa Financiero Integral**.

Estas son las características del Programa:

1. Tiene una duración de 21 días en los que diariamente se completa un cuaderno de trabajo en el que se detallan distintas ideas, planes y ejecución de blindaje patrimonial y acrecentamiento de ingresos y utilidades, ya sea personal o empresarial.

2. Invitamos a los participantes a escuchar por la mañana al despertar y por la noche antes de dormir un par de audios diseñados para desaprender creencias limitantes y descubrir nuevas posibilidades de gestión patrimonial. Sugerimos también practicar el ejercicio Priming (preactivación de estímulos que inciden en las respuestas de los individuos) que Tony Robbins, el autor del libro "Poder sin Límites" enseña en sus entrenamientos.

3. Se toman 3 sesiones grupales y on-line de cuatro horas cada una en fines de semana en las que desarrollamos los siguientes temas y en las que cada participante va completando distintas plantillas para descubrir el valor de su patrimonio, sus áreas de oportunidad, sus fortalezas y sus gustos e intereses:

   a. Planeación y estrategia de blindaje patrimonial

   b. Autoconocimiento, liderazgo e inteligencia emocional

   c. Generación de ingresos

   d. Previsión de riesgos

e. Diversificación de inversiones

f. Tácticas financieras de clase mundial

g. Sucesión familiar y empresarial

4. Se completan también distintos ejercicios y tests de autoconocimiento y competencias financieras. Se tiene una sesión individual de mentoría con expertos en estas áreas:

   a. Coaching sobre comportamientos, liderazgo e inteligencia emocional.

   b. Oportunidades de optimización financiera y fiscal.

   c. Branding: salud y valor de la marca.

   d. Elaboración de la estrategia de blindaje patrimonial.

Se tiene un taller con la Metodologia Lego Serious Play para identificar condicionamientos y creencias limitantes inconscientes

Al concluir el programa, cada participante adquirió claridad sobre el valor actual y preciso de su patrimonio, su meta patrimonial a corto, mediano y largo plazo y las distintas tácticas financieras y patrimoniales para generar, conservar, proteger, consolidar y blindar su patrimonio que el mercado financiero nacional e internacional tienen a su disposición.

Nuestro **Programa Financiero Integral** da como resultado disminuir significativamente el estrés, tener mayor confianza, acrecentar sus ingresos y utilidades, pero sobre todo a disminuir significativamente los pensamientos no útiles que afectaban la consecución de sus objetivos esenciales y financieros. La transformación es notoria y gratificante.

IIb. LA COHERENCIA CARDIACA

La coherencia cardíaca es un término desarrollado por el Heart-Math Institute, una organización sin ánimo de lucro con sede en California, Estados Unidos. Su objetivo principal es investigar y promover la comprensión del papel del corazón y las emociones en la salud, el bienestar y el rendimiento humano. Fue fundado en 1991 por Doc Childre y otros visionarios con la misión de ayudar a las personas y las organizaciones a desarrollar una mayor inteligencia emocional y mejorar su calidad de vida, realizado investigaciones y desarrollado técnicas para mejorar el bienestar emocional y físico a través del equilibrio y la armonía entre el corazón y el cerebro.

Sus investigaciones científicas buscan explorar la interacción entre el corazón y el cerebro, desarrollando técnicas y tecnologías para medir y mejorar la coherencia cardíaca.

La coherencia cardíaca es un estado en el cual los latidos del corazón se sincronizan con la respiración, creando una armonía entre los sistemas nerviosos. Esto resulta en una reducción del estrés y la ansiedad, así como una mejora en la claridad mental y la toma de decisiones. En el contexto financiero, la coherencia cardíaca puede ser especialmente beneficiosa. Cuando tomamos decisiones financieras bajo estrés o ansiedad, es más probable que caigamos en patrones impulsivos o irracionales. Al practicar la coherencia cardíaca, podemos crear un estado mental más calmado y equilibrado, lo que nos permite abordar las decisiones patrimoniales con una mente clara y centrada.

Entre los principales enfoques y áreas de investigación del HeartMath Institute se incluyen:

Variabilidad del ritmo cardíaco (VRC): Investigación y desarrollo de técnicas para medir y regular la variabilidad del ritmo cardíaco, que se considera un indicador clave de la salud y la adaptabilidad del sistema nervioso autónomo.

Coherencia cardíaca: Desarrollo de técnicas de autorregulación emocional y respiración para lograr la coherencia cardíaca y mejorar la respuesta al estrés, la toma de decisiones y el rendimiento cognitivo.

EmWave y tecnologías de biofeedback: Creación de dispositivos y aplicaciones, como EmWave, que utilizan la VRC para proporcionar retroalimentación en tiempo real y ayudar a las personas a alcanzar la coherencia cardíaca y el equilibrio emocional.

Aplicaciones en salud y educación: El instituto trabaja con organizaciones de salud, educación y empresas para aplicar sus investigaciones y técnicas en entornos prácticos y mejorar la calidad de vida de las personas.

En nuestros programas de educación patrimonial enseñamos a nuestros clientes a utilizar el dispositivo EmWave de Biofeedback que les adiestra para entrar a voluntad en estados de coherencia cardiaca para tomar mejores decisiones.

Te recomendamos ver el siguiente video sobre la coherencia cardiaca:

EL SILENCIO INTERIOR: EL ARTE DE ESCUCHARSE A UNO MISMO

El silencio interior es una práctica que implica dedicar tiempo regular para desconectar del ruido externo y escuchar nuestros pensamientos y emociones internas. En el contexto financiero, el silencio interior puede ayudarnos a conectarnos con nuestros valores y objetivos más profundos. Al tomar decisiones patrimoniales, es esencial estar en sintonía con nuestras aspiraciones personales en lugar de dejarnos llevar por las presiones externas. Al practicar el silencio interior, podemos explorar nuestras motivaciones y deseos genuinos, lo que nos brinda una base sólida para tomar decisiones financieras coherentes con nuestras metas auténticas.

La asertividad es la habilidad de expresar nuestras necesidades y opiniones de manera clara y respetuosa. Al combinar la coherencia cardíaca con la práctica del silencio interior, cultivamos la asertividad en nuestras decisiones financieras. La coherencia cardíaca nos ayuda a gestionar nuestras emociones y evitar reacciones impulsivas. El silencio interior nos permite comprender nuestras propias motivaciones y deseos. Esta combinación nos capacita para tomar decisiones patrimoniales que se alinean con nuestras metas y valores, y comunicar estas decisiones de manera asertiva a los demás, incluso en situaciones de presión o conflicto.

La claridad mental es esencial para tomar decisiones financieras informadas. La práctica del silencio interior nos ayuda a eliminar la confusión y el ruido mental, permitiéndonos enfocarnos en las opciones y consecuencias. Al agregar la coherencia cardíaca a esta ecuación, creamos un estado de mente tranquila y receptiva. La coherencia cardíaca y el silencio interior se complementan mutuamente para proporcionarnos la claridad necesaria para analizar las alternativas, evaluar riesgos y recompensas, y tomar decisiones financieras sólidas y confiables.

Cultivar la coherencia cardíaca y la práctica del silencio interior no es un proceso instantáneo, pero puede generar resultados poderosos con el tiempo. Al igual que el crecimiento de un patrimonio, requiere compromiso y paciencia. Iniciar un ritual diario de coherencia cardíaca, donde practicamos la sincronización de la respiración con los latidos del corazón, y dedicar tiempo regular al silencio interior, puede transformar nuestra relación con las decisiones financieras. Estas prácticas no solo nos permiten tomar decisiones desde un lugar de calma y claridad, sino que también nos brindan una profunda conexión con nosotros mismos y nuestros objetivos financieros.

HOWARD SCHULTZ Y LA COHERENCIA CARDIACA

Un ejemplo notable de un empresario que practica la coherencia cardíaca, la técnica promovida por el HeartMath Institute de California, es Howard Schultz, el ex CEO de Starbucks Corporation. Schultz es conocido por su enfoque en la empatía, la autenticidad y la conexión humana en el mundo empresarial, lo que se alinea con los principios de la coherencia cardíaca.

Schultz lideró Starbucks con una visión centrada en las personas y en la construcción de relaciones auténticas, tanto con los colaboradores como con los clientes. Esta visión fue fundamental para transformar una pequeña cadena de tiendas de café en una de las marcas más reconocidas y exitosas del mundo.

Para Schultz, la coherencia cardíaca va más allá de la gestión empresarial tradicional. Él entendió la importancia de la empatía y la conexión emocional en los negocios y promovió un entorno en el que los colaboradores se sintieran valorados y los clientes se sintieran bienvenidos. Esta mentalidad no solo ayudó a Starbucks a expandirse globalmente, sino que también contribuyó al éxito financiero y a la lealtad de los clientes a lo largo de los años.

El enfoque de Schultz en la autenticidad y la coherencia cardíaca influyó en la cultura de Starbucks y en la forma en que se manejaban las relaciones tanto dentro como fuera de la empresa. Su historia es un ejemplo de cómo la aplicación de los principios de la coherencia cardíaca puede generar éxito empresarial y patrimonial, al tiempo que se construye una marca que se preocupa por el bienestar de las personas y la comunidad en general.

IIc. COMPORTAMIENTOS, LIDERAZGO E INTELIGENCIA EMOCIONAL

En los procesos para generar, conservar, proteger, consolidar y blindar tu patrimonio es fundamental el autoconocimiento. Reconocer y entender tus propios comportamientos, estilo de liderazgo y nivel de inteligencia emocional es un primer paso crucial. En nuestro método **"Heartfulness Financiero" Capitalización Estratégica de Activos Invisibles**, utilizamos distintas herramientas para ayudar a nuestros clientes a identificar su fortalezas y competencias para elegir las tácticas más optimas de gestión patrimonial y que se adecuan a sus gustos e intereses.

EL ESTUDIO DISC PARA IDENTIFICAR COMPORTAMIENTOS

La herramienta DISC es un valioso instrumento de evaluación del comportamiento que permite comprender y clasificar diferentes estilos de personalidad. Basada en cuatro dimensiones principales: Dominio, Influencia, Estabilidad y Cumplimiento, la metodología DISC ayuda a identificar patrones de comportamiento en individuos. Esta herramienta no solo proporciona una comprensión más profunda de cómo las personas interactúan y se comunican, sino que también puede ser crucial en contextos empresariales y de relaciones interpersonales.

Al reconocer y comprender estos estilos de comportamiento, es posible mejorar la comunicación, la toma de decisiones y las relaciones en general, lo que resulta esencial en el ámbito del asesoramiento patrimonial, donde la comprensión precisa de las necesidades y preferencias de los clientes es fundamental.

Dominancia (D): Evalúa cómo te enfrentas a desafíos y problemas. ¿Eres decidido y directo en tus acciones, o eres más cauteloso y colaborativo?

Influencia (I): Examina tu estilo de comunicación y cómo interactúas con los demás. ¿Eres sociable, extrovertido y persuasivo, o prefieres ser más reservado?

Estabilidad (S): Mide cómo te enfrentas al cambio y al ambiente. ¿Eres constante, paciente y prefieres la estabilidad, o te adaptas fácilmente a las novedades?

Cumplimiento (C): Analiza tu enfoque en la calidad, la precisión y la atención al detalle. ¿Eres minucioso y perfeccionista, o más relajado en tus estándares?

Estas dimensiones se evalúan mediante una serie de preguntas o reactivos que te indican cuánto te identificas con ciertos comportamientos en diferentes situaciones.

LA IDENTIFICACIÓN DE NUESTROS ESTILOS DE LDERAZGO

El liderazgo es la capacidad de guiar, dirigir e influir en otros para lograr objetivos comunes. Existen varios estilos de liderazgo, y el autoconocimiento de nuestro estilo es esencial para maximizar nuestra efectividad en la gestión patrimonial. Algunos estilos incluyen:

1. **Liderazgo transformacional:** Se centra en inspirar y motivar a los demás para alcanzar su máximo potencial. Este estilo a menudo se asocia con la creación de visiones inspiradoras.

2. **Liderazgo transaccional:** Se basa en recompensas y castigos para motivar el rendimiento. Implica acuerdos claros y estructuras de recompensas.

3. **Liderazgo autocrático:** El líder toma decisiones sin consultar al grupo. Es eficiente, pero puede limitar la creatividad y la participación.

4. **Liderazgo democrático:** Involucra a los miembros del grupo en la toma de decisiones. Fomenta la colaboración y la diversidad de ideas.

5. **Liderazgo Laissez-Faire:** Se caracteriza por dar a los miembros del grupo una gran autonomía. Adecuado en entornos creativos.

En el contexto del patrimonio, el liderazgo puede aplicarse a la gestión de inversiones, la planificación sucesoria y la toma de decisiones financieras. Comprender nuestro estilo de liderazgo nos permite adaptarnos a diferentes situaciones y facilita la colaboración con asesores financieros y otros profesionales en la construcción y protección del patrimonio. La habilidad para liderar eficazmente en estas áreas contribuye a la creación de estrategias sólidas y a la consecución de metas financieras.

LA INTELIGENCIA EMOCIONAL Y LAS FINANZAS

La relación entre las emociones y las finanzas es innegable. Cada decisión financiera, ya sea invertir en una empresa, comprar una propiedad o planificar la jubilación, está influenciada por nuestras emociones y creencias subyacentes. La inteligencia emocional implica el reconocimiento y la comprensión de estas emociones, lo que nos permite tomar decisiones más informadas y racionales.

La inteligencia emocional nos ayuda a evitar las trampas comunes de la toma de decisiones impulsivas. Cuando estamos emocionalmente cargados, como en momentos de miedo o euforia, tendemos a tomar decisiones apresuradas que pueden tener consecuencias financieras negativas. Al cultivar la inteligencia emocional, aprendemos a reconocer estas reacciones impulsivas y a tomar un paso atrás para analizar la situación de manera objetiva.

La planificación financiera efectiva requiere mirar más allá del corto plazo. La inteligencia emocional nos ayuda a resistir la tentación de buscar ganancias instantáneas y en su lugar nos guía hacia una planificación a largo plazo. Al comprender nuestras emociones y objetivos personales, podemos crear estrategias de inversión y ahorro que se alineen con nuestras metas financieras a largo plazo, en lugar de ceder ante las fluctuaciones emocionales del mercado.

La inteligencia emocional también es esencial en la gestión del riesgo. Los mercados financieros son inherentemente volátiles, y las pérdidas pueden generar ansiedad y pánico. Al desarrollar la inteligencia emocional, aprendemos a manejar el estrés y la incertidumbre de manera más efectiva. Esto nos permite tomar decisiones más equilibradas durante los períodos de turbulencia y evitar reacciones impulsivas que puedan empeorar la situación.

La inteligencia emocional también tiene un papel crucial en las relaciones interpersonales relacionadas con las finanzas. Ya sea en la colaboración con asesores financieros, socios de inversión o incluso cónyuges, la habilidad de comprender y comunicar emociones de manera efectiva puede fortalecer estas relaciones y mejorar la toma de decisiones en conjunto.

Debemos de reconocer que nuestras decisiones financieras están entrelazadas con nuestras aspiraciones personales y emociones. Esto nos permite tomar decisiones más informadas y equilibradas. Al integrar la inteligencia emocional en la toma de decisiones financieras, podemos aspirar a una seguridad patrimonial sólida y duradera que va más allá de los números y abraza nuestra humanidad.

EL COEFICIENTE DE INTELIGENCIA PATRIMONIAL

La inteligencia patrimonial representa la amalgama de liderazgo emocional y competencias financieras, fundamentándose en siete pilares esenciales. La autoconciencia, primer pilar, implica un profundo entendimiento de nuestras creencias, valores y comportamientos financieros. El manejo de emociones, segundo pilar, es crucial para tomar decisiones patrimoniales informadas y evitar respuestas impulsivas. La empatía, tercer pilar, nos permite comprender las necesidades y preocupaciones financieras de otros, construyendo relaciones sólidas. La motivación, cuarto pilar, impulsa la perseverancia en la consecución de objetivos financieros a largo plazo. Las habilidades sociales, quinto pilar, facilitan la colaboración efectiva en la gestión patrimonial. Las competencias financieras, sexto pilar, abarcan desde la comprensión de inversiones hasta la planificación fiscal. La gestión de riesgos, séptimo pilar, es esencial para anticipar y mitigar posibles amenazas. Al combinar estos pilares, la inteligencia patrimonial se convierte en una guía completa para generar, conservar, proteger, consolidar y blindar nuestro patrimonio de manera integral y sostenible.

En el apéndice de este libro vas a encontrar un test para que calcules tu coeficiente de inteligencia patrimonial considerando las competencias que has aplicado hasta esta parte de tu vida.

II.d MENTALIDAD, ACTITUD Y ENFOQUE

Además de los comportamientos, las fuerzas impulsoras y la inteligencia emocional, existen otros tres elementos fundamentales que debes de considerar para tener resultados financieros, empresariales y patrimoniales diferentes haciendo cosas diferentes: tu actitud, tu mentalidad y tu enfoque. Estos conceptos no solo son claves en todo el mundo, sino que también tienen una relevancia profunda en la idiosincrasia de los latinoamericanos.

1) Mentalidad: Pensar en grande y establecer metas ambiciosas

Desarrollar una mentalidad orientada al éxito es fundamental en la gestión patrimonial. Esto implica pensar en grande y establecer metas ambiciosas. A menudo, es la visión a largo plazo y la disposición a trascender los límites lo que impulsa a las personas a alcanzar niveles más altos de éxito financiero y patrimonial. La mentalidad de abundancia, en contraposición a una mentalidad de escasez, te permite ver oportunidades en lugar de obstáculos. Al establecer metas ambiciosas, te desafías a ti mismo a superar las limitaciones autoimpuestas y a alcanzar un mayor nivel de éxito. Por eso es importante que sepas calcular el valor actual de tu patrimonio y el valor que quieres que tenga en un futuro determinado. Entre mayor sea tu meta, mayor será la probabilidad de que consigas crear un gran patrimonio.

2) Actitud: Determinación en todos los aspectos de la vida

La actitud es un componente esencial en todas las áreas de la vida, incluyendo la gestión patrimonial. Tener la actitud adecuada implica estar dispuesto a comportarse de manera determinada para lograr lo que deseas. Esto se aplica a nivel personal, familiar, empresarial, financiero, patrimonial y espiritual. La actitud de determinación, resiliencia y adaptabilidad es fundamental. Enfrentar los desafíos financieros con una actitud positiva y la voluntad de aprender de las experiencias es crucial. Una actitud proactiva te permite superar obstáculos y aprovechar oportunidades.

3) Enfoque: Hacer una sola cosa muy bien hecha

El enfoque es otro aspecto importante para generar, conservar, proteger, consolidar y blindar tu patrimonio. En lugar de dispersar tus esfuerzos en múltiples direcciones, el enfoque implica hacer una sola cosa muy bien hecha. Esto significa establecer metas específicas, medibles, alcanzables, realistas, retadoras y determinadas en el tiempo. Al concentrar tus recursos y energía en un objetivo concreto, aumentas tus posibilidades de éxito. Ya sea la inversión en un área de negocios específica, la diversificación de tu cartera de inversiones o la creación de un plan financiero a largo plazo, el enfoque es esencial para maximizar los resultados en la gestión patrimonial.

Estos tres componentes, mentalidad, actitud y enfoque trabajan en conjunto para impulsarte hacia el éxito financiero y patrimonial. La mentalidad te permite soñar en grande y establecer metas ambiciosas. La actitud te da la determinación necesaria para superar obstáculos y aprender de las experiencias. El enfoque te ayuda a concentrar tus esfuerzos en lo que realmente importa y a alcanzar tus objetivos de manera eficaz. Juntos, estos elementos son herramientas muy poderosas gestión patrimonial.

ELON MUSK: EL VISONARIO EMPRENDEDOR

Elon Musk es ampliamente reconocido como uno de los empresarios más influyentes y exitosos de la actualidad. Su éxito financiero se puede atribuir en gran medida a su poderosa mentalidad, actitud y enfoque.

Mentalidad visionaria: Musk es conocido por su mentalidad visionaria. Ha establecido metas ambiciosas, como la colonización de Marte y la aceleración de la transición hacia la energía sostenible. Su mentalidad de pensar en grande lo ha llevado a fundar empresas revolucionarias como Tesla, SpaceX y SolarCity. Musk no se conforma con los límites convencionales y se esfuerza por transformar industrias enteras con su visión audaz.

Actitud determinada: La determinación de Elon Musk es una de sus características distintivas. Ha enfrentado numerosos desafíos y críticas a lo largo de su carrera, pero su actitud resiliente y su disposición a superar obstáculos lo han llevado al éxito. No se ha rendido en momentos difíciles y ha demostrado una fuerte ética de trabajo.

Enfoque en la ejecución: Musk es un firme defensor del enfoque en la ejecución. No solo tiene ideas visionarias, sino que también trabaja incansablemente para llevarlas a cabo. Su enfoque en la ejecución se ve en la forma en que ha llevado a SpaceX a convertirse en una empresa líder en la exploración espacial y ha logrado que Tesla sea un actor importante en la industria automotriz eléctrica. Siempre se centra en hacer una sola cosa muy bien hecha y en alcanzar sus objetivos de manera efectiva.

Elon Musk es un ejemplo destacado de cómo una mentalidad visionaria, una actitud determinada y un enfoque en la ejecución pueden llevar al éxito financiero y empresarial. Su historia demuestra cómo el pensamiento en grande, la perseverancia y la concentración en los objetivos pueden marcar la diferencia en la gestión patrimonial y empresarial.

IIe. LA GNOSEOLOGÍA Y LOS CINCO PRINCIPIOS PATRIMONIALES

La gnoseología, un término que proviene del griego " γνῶσις" (conocimiento) y "λóγος" (estudio), se refiere al estudio del conocimiento y la forma en que lo adquirimos, procesamos y aplicamos en nuestras vidas. Aplicada a las finanzas personales, la gnoseología se convierte en una herramienta poderosa para analizar, entender y gestionar eficazmente nuestras decisiones financieras.

La gnoseología en las finanzas personales se basa en principios fundamentales que influyen en la toma de decisiones y la gestión del dinero. La comprensión de estos principios nos permite abordar nuestras finanzas de manera más informada y estratégica:

La adquisición de conocimiento: El primer paso en la aplicación de la gnoseología financiera es la búsqueda activa de conocimiento. Esto implica educarse sobre conceptos financieros básicos, como ahorro, inversión, riesgo y rentabilidad. Al adquirir una comprensión sólida de estos principios, podemos tomar decisiones más informadas y evaluar las oportunidades financieras con un enfoque crítico.

La interpretación del conocimiento: No basta con adquirir información; también debemos ser capaces de interpretarla adecuadamente. Esto implica analizar diferentes fuentes de información, comprender las implicaciones de las decisiones financieras y evaluar cómo se relacionan con nuestros objetivos personales y patrimoniales.

La aplicación del conocimiento: La gnoseología financiera cobra vida cuando aplicamos el conocimiento en nuestras decisiones y acciones diarias. Significa ser capaces de traducir lo que hemos aprendido en estrategias concretas para gestionar nuestros ingresos, gastos, inversiones y ahorros. La aplicación efectiva del conocimiento nos permite tomar decisiones financieras más alineadas con nuestros objetivos a largo plazo.

La reflexión y aprendizaje continuo: La gnoseología implica un proceso de aprendizaje continuo y reflexión constante. A medida que aplicamos nuestras estrategias financieras, es importante evaluar los resultados y ajustar nuestros enfoques según sea necesario. La capacidad de adaptarse y aprender de nuestras experiencias nos ayuda a mejorar constantemente nuestras decisiones y resultados financieros. La evaluación de la efectividad de nuestros resultados nos llevará, con apoyo en la gnoseología, a intervenir ya sea en la manera como actuamos para lograrlos (a lo que llamamos aprendizaje de primer orden) y/o en la manera como hacemos sentido de nuestra realidad para actuar de la manera como actuamos (aprendizaje de segundo orden).

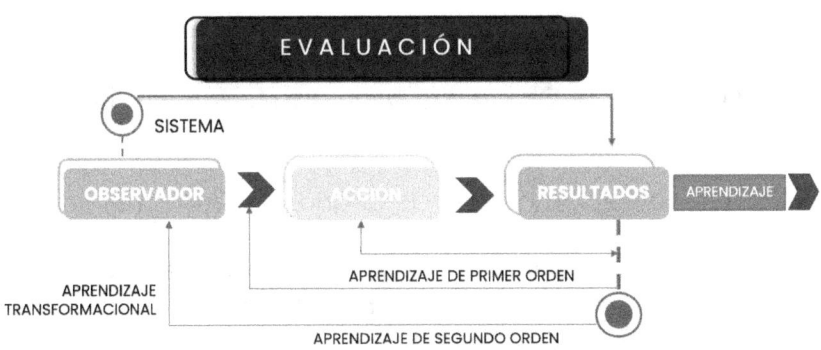

La determinación para aplicar los principios de la gnoseología en las finanzas personales radica en reconocer que el conocimiento es una herramienta valiosa para el empoderamiento financiero. Al comprender cómo adquirimos y aplicamos el conocimiento financiero, podemos evitar decisiones impulsivas y poco informadas que pueden poner en riesgo nuestro patrimonio. La gnoseología nos invita a ser conscientes de nuestro proceso de toma de decisiones y a abordar nuestras finanzas desde una perspectiva más informada y estratégica.

En resumen, la aplicación de la gnoseología en las finanzas personales implica adquirir, interpretar y aplicar el conocimiento financiero de manera efectiva. Al hacerlo, podemos tomar decisiones más informadas, gestionar nuestras finanzas de manera estratégica y alcanzar nuestros objetivos patrimoniales con mayor confianza. La gnoseología nos brinda una herramienta valiosa para navegar por el mundo financiero de manera más consciente y exitosa.

La gnoseología financiera se convierte también en un activo intangible muy importante ya que se vuelve la base para lal generación de los demás activos. Y recordando la secuencia causal del patrimonio, cuando regresamos al origen con mayor claridad de nuestros valores y aspiraciones, entonces nuestros pensamientos son más útiles, nuestras emociones más armónicas y la calidad de nuestras decisiones se vuelven óptimas.

LA UTILIZACIÓN DE LA TEORÍA DEL CONOCIMIENTO DE GOOGLE

Si bien la aplicación directa de la gnoseología en el ámbito empresarial puede ser limitada, algunas empresas han utilizado principios relacionados con la búsqueda del conocimiento y la toma de decisiones informadas para impulsar su éxito.

Google, la empresa matriz de Alphabet Inc. Google se basa en gran medida en la recopilación y el análisis de datos para mejorar sus productos y servicios. Utiliza algoritmos y sistemas de aprendizaje automático para procesar grandes cantidades de información y proporcionar a los usuarios resultados de búsqueda relevantes y anuncios personalizados. Esto se basa en una filosofía gnoseológica en la que el conocimiento, en forma de datos, es esencial para tomar decisiones informadas.

Además, Google ha desarrollado productos como Google Analytics y Google Ads, que permiten a las empresas recopilar datos sobre sus audiencias en línea y tomar decisiones basadas en el análisis de estos datos. Esto facilita a las empresas comprender mejor a sus clientes y ajustar sus estrategias en consecuencia.

Google utiliza una filosofía basada en la gnoseología al centrarse en la recopilación y el análisis de datos para proporcionar información útil a los usuarios y a las empresas. La aplicación de estos principios ha contribuido en gran medida al éxito de Google en el campo de la tecnología y la publicidad en línea.

LOS CINCO PRINCIPIOS PATRIMONIALES

Un principio es una guía fundamental que establece una base ética y operativa para tomar decisiones y actuar en la vida. En el contexto de la construcción patrimonial, los principios son piedras angulares que nos dirigen hacia una gestión financiera responsable y exitosa. A continuación, te presentamos cinco principios patrimoniales y una explicación práctica y operativa que te inspire a la acción:

1. Principio de DIGNIDAD:

"Vive con frugalidad y moderación para tener unas finanzas sanas".

La dignidad financiera se basa en vivir de acuerdo a tus medios y no gastar más de lo necesario. Practicar la frugalidad y la moderación te permite evitar el ciclo de deuda y tener un mayor control sobre tus recursos. La clave es separar tus deseos de tus necesidades y enfocarte en lo que realmente aporta valor a tu vida.

Comienza por elaborar un presupuesto realista que refleje tus ingresos y gastos. Establece límites en tus gastos discrecionales y busca formas creativas de ahorrar, como reducir gastos innecesarios. Con cada elección consciente de gasto, estarás honrando tu dignidad financiera y construyendo una base sólida para tu futuro.

2. Principio de ORDEN:

"Haz de la administración formal y sistemática un hábito".

El orden financiero es esencial para mantener el control y la visión clara de tu patrimonio. La administración formal y sistemática implica llevar registros precisos de tus ingresos, gastos e inversiones. Esto te permite tomar decisiones informadas y detectar oportunidades para optimizar tus finanzas.

Crea un sistema de organización financiera que incluya el seguimiento de tus cuentas bancarias, inversiones y deudas. Utiliza herramientas como aplicaciones de gestión financiera o hojas de cálculo para mantener un registro actualizado. La disciplina en la administración te ayudará a evitar sorpresas desagradables y te empoderará en el manejo de tus recursos.

3. Principio de LIBERTAD:

"Págate y protégete a ti mismo primero"

La protección y consolidación financiera se basa en priorizar tus propias necesidades y metas antes que cualquier otro compromiso financiero. Esto incluye la construcción de un fondo de emergencia y la protección de tus activos a través de seguros. Al hacerlo, te aseguras de tener el control de tu destino financiero.

Establece un hábito de pago a ti mismo primero: destina una parte de tus ingresos a tu fondo de emergencia y a tu ahorro personal antes de pagar cualquier otra cuenta. Además, asegúrate de contar con seguros adecuados, como seguros de vida y de salud, para protegerte a ti y a tu familia en caso de imprevistos.

4. Principio de OSADÍA:

"Diversifica estratégicamente comprobando todo por ti mismo"

La osadía financiera radica en buscar oportunidades de inversión y crecimiento, pero siempre con un enfoque informado y estratégico. La diversificación es clave para reducir riesgos. Asegúrate de investigar y comprender completamente cualquier inversión antes de comprometer tu dinero.

Investiga diferentes opciones de inversión y diversifica tu cartera con activos de diferentes clases. Aprende sobre los conceptos de riesgo y rentabilidad, y considera la asesoría de profesionales financieros. Realiza un análisis detenido antes de tomar decisiones y confirma que la inversión esté alineada con tus objetivos y tolerancia al riesgo.

5. Principio de JUSTICIA:

"Hereda con el ejemplo siendo equitativo"

El principio de justicia patrimonial se refiere a transmitir tu patrimonio de manera equitativa y responsable. La herencia no solo se trata de bienes materiales, sino también de valores y enseñanzas. Asegúrate de dejar un legado que refleje tu compromiso con la equidad y el bienestar de las generaciones futuras.

Al planificar tu herencia, considera tanto las necesidades individuales como las colectivas de tus seres queridos. Establece un testamento que refleje tus deseos y garantice una distribución justa de tus activos. Además, inculca tus valores financieros y patrimoniales a tus herederos, inspirándolos a manejar sus recursos con responsabilidad y equidad.

En resumen, cada uno de estos principios patrimoniales ofrece una guía clara y operativa para tomar medidas concretas en la construcción de un futuro financiero sólido. La aplicación de estos principios no solo beneficia tus finanzas personales, sino que también contribuye a la creación de un legado duradero que refleje tus valores y aspiraciones.

NELSON MANDELA: EJEMPLO DE AUTÉNTICO LIDERAZGO

Un ejemplo claro y contundente de alguien que ha aplicado los cinco principios patrimoniales de dignidad, orden, libertad, osadía y justicia es Nelson Mandela. Mandela fue un líder sudafricano que desempeñó un papel fundamental en la lucha contra el apartheid y se convirtió en el primer presidente de Sudáfrica elegido democráticamente.

> **Dignidad:** Mandela personificó la dignidad a lo largo de su vida. Luchó incansablemente por la igualdad de derechos y oportunidades para todos los sudafricanos, independientemente de su raza. A pesar de enfrentar décadas de prisión y adversidades, nunca renunció a sus principios y mantuvo su dignidad en todo momento.

> **Orden:** Durante su presidencia, Mandela abogó por la estabilidad y el orden en Sudáfrica. Trabajó en la reconciliación de la nación, promoviendo la convi-

vencia pacífica entre las diferentes comunidades y grupos raciales que habían estado en conflicto durante años. Contribuyó a establecer un gobierno estable y un orden democrático en el país.

Libertad: Mandela dedicó su vida a la lucha por la libertad y la justicia. Pasó 27 años en prisión por sus actividades contra el apartheid, pero nunca renunció a su lucha por la libertad y la igualdad. Su liberación y elección como presidente de Sudáfrica simbolizaron la victoria de la libertad sobre la opresión.

Osadía: Mandela mostró valentía y osadía al enfrentarse al régimen del apartheid. A pesar de la persecución y el encarcelamiento, nunca dejó de luchar por sus creencias y por un cambio positivo en Sudáfrica. Su valentía y osadía inspiraron a personas de todo el mundo.

Justicia: Mandela trabajó incansablemente por la justicia en Sudáfrica. Abogó por un sistema de justicia equitativo y por la igualdad de derechos para todos los ciudadanos sudafricanos. Su compromiso con la justicia lo llevó a liderar la Comisión de la Verdad y la Reconciliación, que investigó las violaciones de derechos humanos cometidas durante el apartheid y promovió la reconciliación nacional.

Nelson Mandela es un ejemplo sobresaliente de un ser humano que encarnó los cinco principios patrimoniales: dignidad, orden, libertad, osadía y justicia. Su vida y su legado son un testimonio de la capacidad de un individuo para cambiar el curso de la historia y luchar por un mundo más justo y equitativo.

3. LA GENERACIÓN DE INGRESOS

"El marketing digital es como un diálogo entre la empresa y el cliente, donde la empresa escucha y responde de forma efectiva."

Paul G. Houtn

Sin duda, la generación de ingresos es un componente crítico para la conservación, protección, consolidación y blindaje de tu patrimonio. Aquí hay algunas razones clave por las que no debes descuidar la generación de ingresos y la diversificación de fuentes:

1. **Sostenibilidad a largo plazo**: Dependiendo únicamente de tus activos actuales para financiar tu estilo de vida y metas financieras puede ser insostenible a largo plazo. La generación continua de ingresos te brinda la seguridad de contar con un flujo constante de fondos para satisfacer tus necesidades y objetivos.

2. **Diversificación de riesgos**: Al diversificar tus fuentes de ingresos, reduces el riesgo financiero. Si una fuente de ingresos se ve afectada, como la pérdida de empleo o una inversión que no rinde como se esperaba, tener otras fuentes puede ayudarte a mantener la estabilidad financiera.

3. **Acumulación de riqueza**: Generar más ingresos no solo cubre tus gastos, sino que también te permite ahorrar e invertir. Con un excedente de ingresos, puedes construir un colchón financiero y aprovechar oportunidades de inversión que, con el tiempo, contribuirán a la consolidación de tu patrimonio.

4. **Afrontar imprevistos**: Los ingresos adicionales te brindan una red de seguridad para situaciones ines-

peradas, como gastos médicos, reparaciones de emergencia en el hogar o pérdida de empleo. Tener fuentes de ingresos adicionales te permite enfrentar estos desafíos con menos estrés financiero.

5. **Mejora de la calidad de vida**: Generar nuevos ingresos te proporciona la flexibilidad para mejorar tu calidad de vida, disfrutar de experiencias y adquirir bienes que sean importantes para ti y tu familia.

6. **Independencia financiera**: La generación de ingresos sólidos te acerca a la independencia financiera, donde tus activos e inversiones generan suficientes ingresos para cubrir tus gastos sin depender de un trabajo asalariado.

En cuanto a la administración emocional de tus ingresos, es importante ser consciente de tus gastos y hábitos financieros. El autocontrol y la gestión emocional son esenciales para mantener un nivel de gastos que te permita ahorrar y proteger tu patrimonio. Evitar el gasto impulsivo y el endeudamiento innecesario son aspectos clave para conservar y hacer crecer tu patrimonio.

Además, al diversificar tus fuentes de ingresos y generar ingresos pasivos, puedes crear una situación financiera más estable, lo que te brinda la tranquilidad necesaria para tomar decisiones financieras más acertadas y, finalmente, para asegurar un patrimonio sólido a lo largo del tiempo.

IIIa. LA GENERACIÓN DE NEGOCIO

"The Millionaire Real Estate Agent" de Gary Keller es una obra influyente que ofrece valiosas lecciones sobre cómo generar negocios y aumentar los ingresos. Aunque el libro está enfocado en el sector inmobiliario, muchas de sus estrategias pueden ser adaptadas por cualquier persona para ganar más dinero y prosperar en sus emprendimientos. A continuación te mostramos las ideas clave del capítulo de generación de negocio del libro y cómo aplicarlas de manera efectiva en distintos ámbitos.

1. Conviértete en un experto en tu campo

Una de las lecciones centrales es convertirse en un experto en tu industria o nicho. La expertise no solo inspira confianza en los clientes, sino que también te posiciona como líder en tu campo. Independientemente de la industria en la que te encuentres, invertir tiempo en aprender y dominar tus conocimientos puede aumentar tu valor y, por lo tanto, tus oportunidades de generar más ingresos.

2. Establece relaciones de valor

Keller enfatiza la importancia de establecer relaciones sólidas y mutuamente beneficiosas. Construir una red de contactos confiables y mantener relaciones de valor puede generar oportunidades de negocio a largo plazo. En cualquier sector, invertir tiempo en establecer y nutrir relaciones puede abrir puertas y fomentar el crecimiento de tus ingresos.

3. Adáptate a las necesidades del cliente

El libro resalta la importancia de escuchar y comprender las necesidades de los clientes. Adaptarte a lo que ellos buscan y brindar soluciones personalizadas puede marcar la diferencia en tu éxito. Sea cual sea tu campo, adoptar una mentalidad centrada en el cliente te permitirá identificar oportunidades y ganar la confianza de quienes buscan tus servicios.

4. Implementa sistemas eficientes

Keller enfatiza la importancia de establecer sistemas y procesos eficientes para administrar tu negocio. La automatización y la organización pueden liberar tiempo y recursos valiosos para centrarte en actividades que generen ingresos. La implementación de sistemas efectivos es relevante en cualquier ámbito y puede impulsar la productividad y la rentabilidad.

5. Utiliza estrategias de marketing inteligentes

El libro destaca la importancia del marketing inteligente y dirigido. En la era digital, promocionar tus servicios de manera efectiva es esencial para atraer clientes y oportunidades. Ya sea a través de estrategias en línea o tradicionales, enfocarte en el marketing que resuene con tu audiencia puede aumentar la visibilidad y, por lo tanto, los ingresos.

6. Invierte en formación continua

La educación constante es una de las claves del éxito en el libro. Keller aboga por la formación continua para mantenerse actualizado y relevante en un mundo en constante cambio. En cualquier industria, invertir en tu desarrollo profesional te permite adquirir nuevas habilidades y conocimientos que pueden aumentar tu valor y tus oportunidades de ingresos.

7. Establece metas claras

El establecimiento de metas claras y medibles es un aspecto crucial del éxito. Keller enfatiza la importancia de definir tus objetivos y trabajar con determinación para alcanzarlos. Tener metas específicas en términos de ingresos y logros te brinda una dirección clara y te motiva a esforzarte más para alcanzar tus objetivos.

8. Enfócate en las actividades de alto impacto

El libro aconseja enfocarse en las actividades que generan el mayor retorno de inversión en tiempo y esfuerzo. Identificar y priorizar las tareas de alto impacto puede maximizar tus resultados y, en última instancia, tus ingresos. Sea cual sea tu campo, dedicar tiempo a las actividades más valiosas puede marcar una diferencia significativa.

"The Millionaire Real Estate Agent" ofrece valiosas lecciones para generar negocios y aumentar los ingresos, y muchas de estas estrategias son aplicables a una amplia gama de industrias. Convertirse en un experto, establecer relaciones sólidas, adaptarse a las necesidades del cliente, implementar sistemas eficientes, utilizar estrategias de marketing inteligentes, invertir en formación continua, establecer metas claras y enfocarse en las actividades de alto impacto son pilares para el éxito en cualquier campo. Al aplicar estas ideas de manera estratégica, puedes mejorar tus oportunidades de generación de ingresos y prosperar en tu búsqueda del éxito financiero.

BIMBO: EMPRESA MEXICANA DE CLASE MUNDIAL

Un ejemplo de una empresa mexicana que ha tenido una gran expansión es Grupo Bimbo, una de las panificadoras más grandes del mundo. Veamos cómo aplican estas recomendaciones:

Conviértete en un experto en tu campo: Grupo Bimbo ha demostrado un profundo conocimiento de la industria de la panificación. Han estado en el negocio durante décadas y han acumulado una experiencia significativa en la producción y distribución de productos de panadería. Esto los ha convertido en expertos en su campo.

Establece relaciones de valor: Grupo Bimbo ha establecido relaciones sólidas en todo el mundo con clientes, proveedores y minoristas. Han creado una red de distribución confiable que les permite llegar a una amplia base de clientes. Además, han forjado relaciones de valor con los agricultores que les proporcionan ingredientes clave para sus productos.

Adáptate a las necesidades del cliente: Grupo Bimbo ha demostrado una habilidad notable para adaptarse a las preferencias cambiantes de los consumidores. Han introducido productos más saludables en respuesta a la creciente demanda de opciones más nutritivas. Esto refleja su enfoque en comprender y satisfacer las necesidades del cliente.

Implementa sistemas eficientes: La eficiencia es una de las fortalezas de Grupo Bimbo. Han establecido sistemas logísticos altamente eficientes que les permiten entregar productos frescos a una amplia gama de ubicaciones de manera oportuna. Esta eficiencia les ayuda a maximizar su productividad y rentabilidad.

Utiliza estrategias de marketing inteligentes: Grupo Bimbo ha invertido en estrategias de marketing efectivas para promocionar sus productos en todo el mundo. Han utilizado campañas publicitarias creativas y han adaptado su enfoque de marketing a las diferentes regiones donde operan.

Invierte en formación continua: La empresa ha fomentado la formación continua de sus colaboradores. Han desarrollado programas de capacitación para mejorar las habilidades de su personal y mantenerse al tanto de las últimas tendencias en panadería y distribución.

Establece metas claras: Grupo Bimbo ha definido metas claras en términos de expansión global y crecimiento de sus marcas. Tienen un enfoque en el aumento de sus ingresos y su presencia en nuevos mercados.

Enfócate en las actividades de alto impacto: La empresa se centra en la producción de sus productos principales y en actividades de alto impacto que generan un alto retorno de inversión. Esto incluye la adquisición estratégica de otras empresas de panadería en diferentes regiones.

Grupo Bimbo es un ejemplo de una empresa mexicana que ha tenido éxito utilizando estos principios para convertirse en un líder global en la industria de la panificación. Su enfoque en la experiencia, la eficiencia y la adaptación a las necesidades del cliente ha sido fundamental para su crecimiento y éxito continuo.

IIIb. EL MARKETING DIGITAL

El marketing digital se ha convertido en un componente esencial de cualquier estrategia empresarial en la era moderna. Su importancia radica en la transformación digital que estamos experimentando y en la forma en que los consumidores interactúan con las marcas y toman decisiones de compra. Te mostramos a continuación un resumen de los riesgos de no ingresar a tiempo a la era digital:

Pérdida de visibilidad: Los consumidores buscan información en línea antes de realizar compras. Si tu negocio no está en línea, estás perdiendo la oportunidad de ser visible para una amplia audiencia. Esto puede resultar en una pérdida de clientes potenciales.

Competencia más fuerte: Las empresas que adoptan estrategias de marketing digital tienen una ventaja competitiva. Aquellas que no lo hacen pueden quedarse atrás y enfrentar dificultades para competir en el mercado.

Menos interacción con los clientes: El marketing digital permite una comunicación directa y continua con los clientes. No aprovechar estas oportunidades significa perder la capacidad de interactuar, conocer las necesidades de los clientes y brindar un mejor servicio.

Menos datos y análisis: El marketing digital proporciona una gran cantidad de datos que pueden ayudar a las empresas a comprender mejor a sus clientes y tomar decisiones informadas. La falta de presencia digital significa la pérdida de esta valiosa información.

Mayor costo por adquisición de clientes: Las estrategias de marketing digital, como el marketing de contenidos y la publicidad en línea, a menudo son más económicas que los métodos tradicionales. No adoptar estas estrategias puede resultar en un aumento de los costos para adquirir nuevos clientes.

Pérdida de influencia en la toma de decisiones de compra: Si no estás presente en línea, no puedes influir en las decisiones de compra de los consumidores. Los compradores confían en las opiniones en línea y las redes sociales para tomar decisiones.

Reputación en línea sin supervisión: Las conversaciones sobre tu marca pueden ocurrir en línea incluso si no estás presente. No participar en estas conversaciones puede resultar en una reputación en línea sin supervisión y potencialmente perjudicial.

Dificultad para adaptarse a cambios en el mercado: El marketing digital es ágil y puede adaptarse rápidamente a los cambios en el mercado y las preferencias de los consumidores. Las estrategias tradicionales a menudo son menos flexibles y pueden dificultar la adaptación a estas dinámicas cambiantes.

Ingresar a la era digital es esencial para la supervivencia y el éxito de los negocios en el entorno actual. Los riesgos de no hacerlo incluyen una pérdida de visibilidad, competitividad reducida, falta de interacción con los clientes, menor acceso a datos y análisis, mayores costos, menor influencia en las decisiones de compra, reputación en línea sin supervisión y dificultad para adaptarse a cambios en el mercado. Adoptar estrategias de marketing digital es fundamental para mantenerse relevante y competitivo en la economía actual.

EL MARKETING DE CONTENIDOS

Una de las estrategias más efectivas de marketing digital es el "Inbound Marketing" o marketing de contenidos que ha revolucionado la forma en que las empresas hacen negocios en línea. A medida que la tecnología continúa avanzando y la competencia en línea se intensifica, las estrategias de inbound marketing siguen siendo esenciales para ganar más dinero y alcanzar el éxito en la era digital. Estas son las ideas clave del "Inbound Marketing" que siguen siendo vigentes hoy en día:

Contenido de valor: El contenido de alta calidad y relevante sigue siendo el pilar del inbound marketing. Proporcionar contenido que resuelva los problemas de tu audiencia y agregue valor genuino es crucial para atraer y retener la atención de tus clientes potenciales.

SEO optimizado: La optimización para motores de búsqueda (SEO) sigue siendo fundamental para aumentar la visibilidad en línea. Utilizar palabras clave relevantes, etiquetas y descripciones adecuadas es esencial para asegurarte de que tu contenido sea encontrado por tu público objetivo.

Marketing en redes sociales: Las redes sociales siguen siendo una herramienta poderosa para promocionar tu contenido y construir una comunidad en línea. Compartir contenido en plataformas sociales relevantes y participar en conversaciones aumenta tu alcance y genera interacción.

Generación de leads: La captación de leads a través de formularios y llamadas a la acción (CTA) sigue siendo crucial para convertir visitantes en clientes potenciales. Ofrecer contenido descargable de valor a cambio de la información de contacto es una estrategia efectiva.

Automatización del marketing: La automatización del marketing permite enviar contenido personalizado en momentos específicos, lo que mejora la experiencia del cliente y aumenta la eficiencia de tus esfuerzos de marketing.

Análisis de datos: El análisis de datos y métricas sigue siendo esencial para evaluar la efectividad de tus estrategias de marketing. Utiliza herramientas de análisis para medir el tráfico, la interacción y las conversiones en tu sitio web y contenido.

PASOS PARAR GENERAR MARKETING DE CONTENIDOS EFICAZMENTE

1. **Definir tu público objetivo:** Comprender quiénes son tus clientes ideales es fundamental. Crea perfiles de compradores detallados para adaptar tu contenido a sus necesidades y deseos.

2. **Investigación de palabras clave:** Realiza una investigación exhaustiva de palabras clave relevantes para tu industria. Estas palabras clave guiarán tu contenido y aumentarán la visibilidad en los motores de búsqueda.

3. **Creación de contenido de calidad:** Genera contenido útil y valioso para tu audiencia. Esto puede incluir blogs, videos, infografías y más. Asegúrate de que tu contenido sea atractivo, informativo y resuelva problemas.

4. **Optimización SEO:** Utiliza palabras clave en tu contenido de manera natural y optimiza tus títulos, descripciones y etiquetas. Esto mejora tus posibilidades de clasificar más alto en los resultados de búsqueda.

5. **Promoción en redes sociales:** Comparte tu contenido en las redes sociales adecuadas para llegar a tu audiencia. Utiliza estrategias de marketing en redes sociales para aumentar la visibilidad y la participación.

6. **Generación de leads:** Incorpora llamadas a la acción (CTA) en tu contenido para alentar a los visitantes a tomar medidas, como suscribirse a tu boletín o descargar contenido premium a cambio de su información de contacto.

7. **Automatización y seguimiento:** Utiliza herramientas de automatización de marketing para enviar contenido personalizado y mantener el compromiso con tus leads. Realiza un seguimiento de su interacción y comportamiento para adaptar tu enfoque.

8. **Análisis y mejora continua:** Monitorea las métricas clave, como el tráfico, la tasa de conversión y el compromiso. Utiliza esta información para ajustar tu estrategia y mejorar constantemente tus resultados.

Al seguir los pasos para generar marketing de contenido de manera eficaz, puedes atraer a tu público objetivo, construir relaciones sólidas y aumentar tus ingresos a través de la creación de valor y la entrega de contenido relevante. En un mundo en constante cambio, el "Inbound Marketing" es una estrategia probada que puede ayudarte a destacar y prosperar en el mundo digital.

LA ESTRATEGIA DE MARKETING DIGITAL DE SEBASTIÁN VIDAL

Un destacado ejemplo de un empresario latinoamericano que ha tenido éxito con estrategias de marketing digital es Sebastián Vidal, cofundador de la empresa chilena Cornershop.

Cornershop es una plataforma de entrega de comestibles que conecta a los consumidores con compradores personales que adquieren y entregan los productos directamente a sus puertas. La empresa ha experimentado un crecimiento significativo y ha sido un éxito en varios países de América Latina, Estados Unidos y Canadá.

Sebastián Vidal y su equipo utilizaron estrategias de marketing digital de vanguardia para impulsar el crecimiento de Cornershop:

Enfoque en las redes sociales: Cornershop utilizó activamente las redes sociales para aumentar la visibilidad de la marca y atraer a nuevos clientes. Publicaron contenido atractivo en plataformas como Facebook, Instagram y Twitter para promocionar ofertas especiales y eventos de marketing.

Marketing de afiliados: La empresa estableció programas de marketing de afiliados que permitían a los usuarios ganar recompensas por referir a nuevos clientes. Esto no solo incentivó a los usuarios a usar la plataforma, sino que también aumentó la base de clientes de la empresa.

Anuncios en línea inteligentes: Cornershop utilizó anuncios en línea de manera efectiva, enfocándose en la geolocalización para llegar a audiencias específicas en áreas donde operaban. Esto permitió una promoción más efectiva de la plataforma en las ciudades y regiones donde estaba disponible.

Marketing de contenidos: La empresa creó contenido útil relacionado con la compra de comestibles y la entrega a domicilio. Publicaron artículos y guías sobre cómo maximizar el uso de la aplicación Cornershop, lo que ayudó a educar a los consumidores y atraer nuevos usuarios.

Campañas de correo electrónico: Utilizaron campañas de correo electrónico para mantener a los usuarios existentes informados sobre ofertas, descuentos y actualizaciones de la plataforma. Esto ayudó a aumentar la retención de clientes y fomentar la fidelidad.

Gracias a estas estrategias de marketing digital, Cornershop pudo expandirse con éxito a varios mercados en América Latina y más allá. La empresa generó un interés significativo en la región y se convirtió en un competidor importante en el espacio de la entrega de comestibles. El enfoque en la eficiencia, la conveniencia y una sólida estrategia de marketing digital ha contribuido al éxito financiero de Sebastián Vidal y su empresa.

Lo difícil del marketing digital es empezar. Te invitamos a ver este video:

IIIc. EL ENTRENAMIENTO EN NEGOCIACIÓN

La habilidad de negociar no solo es esencial en el mundo de los negocios, sino que también desempeña un papel crucial en la construcción y preservación del patrimonio. En un mundo en constante cambio, dominar el arte de la negociación puede ser la clave para generar más ingresos y tomar decisiones financieras sabias. Basándonos en las ideas del libro "Never Split the Difference" de Chris Voss, te mostramos la importancia de entrenarse en negociaciones y cómo identificar y perfeccionar tu perfil de negociador único.

Negociar no se trata solo de transacciones financieras, sino de una habilidad que impacta en todas las áreas de nuestras vidas. Ya sea para conseguir un aumento salarial, cerrar un acuerdo de inversión o incluso obtener un mejor trato en una compra cotidiana, la negociación está en todas partes. Cuando se trata de generar patrimonio, una negociación exitosa puede marcar la diferencia entre un buen trato y uno excepcional.

El libro "Never Split the Difference" de Chris Voss, ex agente del FBI y experto en negociación ofrece valiosas lecciones sobre cómo negociar con éxito. Voss presenta conceptos como la "toma de perspectiva" y la importancia de la empatía en la negociación. Al comprender las emociones y necesidades de la otra parte, podemos encontrar soluciones creativas que beneficien a ambas partes, en lugar de dividir la diferencia de manera equitativa.

IDENTIFICANDO TU PERFIL DE NEGOCIADOR

Cada uno de nosotros tiene un estilo único de negociación. Reconocer tu perfil de negociador puede ayudarte a capitalizar tus fortalezas y trabajar en áreas de mejora. Aquí hay algunos tipos de negociadores que podrían ayudarte a identificar tu enfoque:

Negociador competitivo: Buscas maximizar tus ganancias y obtienes lo que quieres a toda costa. Tiendes a buscar el resultado más favorable para ti, aunque eso signifique que la otra parte no quede satisfecha.

Negociador cooperativo: Valoras las relaciones y buscas soluciones en las que ambas partes ganen. Te esfuerzas por encontrar terreno común y llegar a acuerdos mutuamente beneficiosos.

Negociador analítico: Te basas en datos y hechos para respaldar tus argumentos. Prefieres un enfoque lógico y objetivo en la negociación.

Negociador persuasivo: Eres hábil en la comunicación y la persuasión. Utilizas tu carisma y habilidades de convencimiento para obtener lo que deseas.

ENTRENAMIENTO EN NEGOCIACIÓN PARA LA CREAR PARTIMONIO

Entrenarse en negociaciones es una inversión en sí mismo y en tu futuro financiero. Al dominar las habilidades de negociación, puedes mejorar tus ingresos, cerrar acuerdos más ventajosos y tomar decisiones financieras más informadas. Aquí hay algunas razones por las que el entrenamiento en negociación es esencial para la construcción de patrimonio:

Maximizar ganancias: Saber cómo negociar te permite obtener el mejor valor por tu tiempo, esfuerzo y recursos. Ya sea al invertir en una propiedad o cerrar un contrato comercial, negociar eficazmente puede aumentar tus ganancias.

Evitar errores costosos: Una mala negociación puede llevar a acuerdos desfavorables o incluso a pérdidas financieras. Al aprender a negociar, puedes evitar errores costosos y tomar decisiones más seguras.

Conservación del patrimonio: La negociación también implica la habilidad de proteger y conservar tu patrimonio. Al negociar contratos, acuerdos legales y otros aspectos financieros, puedes garantizar que tus activos estén protegidos de manera adecuada.

Adaptabilidad en un mundo cambiante: Las habilidades de negociación te permiten adaptarte a las circunstancias cambiantes. En un entorno económico volátil, ser capaz de negociar puede ser crucial para tomar decisiones informadas y proteger tus intereses.

Observa la siguiente ilustración para que identifiques como solucionas tus conflictos:

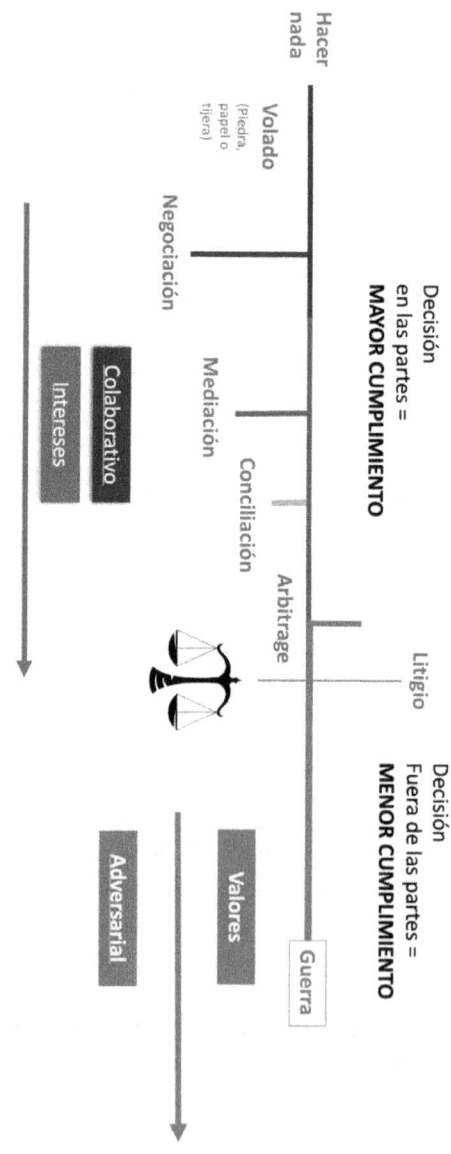

Para entrenarte en negociación, es esencial considerar tanto las tácticas como las actitudes que te llevarán al éxito. Aquí hay algunos consejos para cultivar tus habilidades de negociación:

Practica la empatía: La empatía te permite comprender las perspectivas y emociones de la otra parte. Al demostrar empatía, puedes construir relaciones sólidas y encontrar soluciones mutuamente beneficiosas.

Escucha activa: Escuchar atentamente es clave para identificar las necesidades y deseos de la otra parte. Presta atención a los detalles y demuestra que valoras su opinión.

Usa la comunicación no verbal: Gestos, tono de voz y lenguaje corporal son parte de la comunicación en la negociación. Aprende a leer estas señales y a comunicar con confianza.

Busca soluciones creativas: En lugar de simplemente dividir la diferencia, busca soluciones creativas que satisfagan las necesidades de ambas partes. Esto puede generar acuerdos más sólidos y duraderos.

Prepárate: Investiga y prepárate antes de entrar en una negociación. Conocer los hechos y estar preparado para responder preguntas puede aumentar tu confianza y eficacia.

En última instancia, entrenarse en negociaciones no solo es una habilidad técnica, sino una mentalidad que impulsa el éxito financiero y patrimonial. Al aprovechar las enseñanzas de "Never Split the Difference" y al reconocer tu perfil de negociador, puedes construir patrimonio de manera efectiva y equitativa. La negociación es una herramienta poderosa que te permite no solo generar más ingresos, sino también tomar decisiones informadas y proteger tus activos en un mundo en constante cambio.

LAS COMPETENCIAS PARA NEGOCIAR DE CARLOS SLIM

Un ejemplo destacado de un empresario mexicano que se ha entrenado en negociación es Carlos Slim, uno de los hombres más ricos del mundo y un influyente magnate de negocios.

Carlos Slim ha hecho una fortuna en diversos sectores, incluyendo las telecomunicaciones, la construcción, la industria manufacturera y el comercio minorista. Su éxito no solo se debe a la identificación de oportunidades de inversión sólidas, sino también a sus habilidades de negociación excepcionales.

Slim se ha sometido a entrenamientos formales y ha desarrollado su expertise en el arte de la negociación. Algunos de los aspectos clave que demuestran su habilidad en este campo incluyen:

Inversiones estratégicas: Carlos Slim ha realizado inversiones estratégicas en empresas tanto en México como en el extranjero. A menudo, se ha asociado con otras compañías y empresarios en acuerdos beneficiosos para ambas partes, lo que destaca su capacidad para negociar acuerdos equitativos.

Negociaciones corporativas: Ha liderado numerosas negociaciones corporativas, incluyendo fusiones y adquisiciones. Su experiencia en la compra y venta de empresas ha demostrado su agudeza en la negociación de términos y condiciones que maximizan el valor de las transacciones.

Habilidades en el sector de las telecomunicaciones: Slim es especialmente conocido por su papel en la industria de las telecomunicaciones, donde ha negociado con gobiernos y reguladores en asuntos relacionados con licencias y regulaciones. Ha trabajado en acuerdos que han permitido a su empresa, América Móvil, expandirse en múltiples países de América Latina.

Negociaciones filantrópicas: Carlos Slim también es un filántropo destacado. Ha donado grandes sumas de dinero para apoyar causas benéficas y ha trabajado en asociación con organizaciones internacionales. Su capacidad para negociar donaciones significativas y colaborar con otros filántropos demuestra su compromiso con la responsabilidad social y su capacidad para negociar acuerdos que tienen un impacto positivo en la sociedad.

Carlos Slim es un empresario mexicano que ha utilizado sus competencias y habilidades de negociación en diversos ámbitos, desde las inversiones comerciales hasta las negociaciones con gobiernos y reguladores, y en la filantropía. Su capacidad para obtener acuerdos beneficiosos y su experiencia en encontrar soluciones a través de la negociación son ejemplos inspiradores para quienes buscan mejorar sus habilidades de negociación en el mundo empresarial.

IIId. LOS INGRESOS PASIVOS

En la era actual, donde la tecnología y la inteligencia artificial están transformando la forma en que hacemos negocios, la generación de ingresos pasivos se ha convertido en una estrategia vital para asegurar la prosperidad financiera. Estas 14 ideas innovadoras para generar ingresos pasivos y aprovechar las oportunidades de negocio pueden ser muy atractivas:

1. Consolidación de patrimonio adquiriendo bienes raíces: Comprar propiedades para alquilar es una forma clásica de ingresos pasivos. La demanda de viviendas y espacios comerciales en Latinoamérica brinda oportunidades de inversión a largo plazo.

2. Creación de contenido en línea: La creación de blogs, videos o podcasts sobre temas de interés puede generar ingresos a través de la publicidad, patrocinios y ventas de productos digitales.

3. Marketing de afiliados: Promocionar productos y ganar comisiones por cada venta realizada a través de tus enlaces de afiliados es una forma efectiva de generar ingresos pasivos.

4. Creación de cursos en línea: Compartir tus conocimientos a través de cursos en línea puede generar ingresos recurrentes a medida que más personas se inscriban en tus clases.

5. Venta de productos en línea: Plataformas de comercio electrónico permiten vender productos físicos o digitales sin necesidad de mantener un inventario.

6. Inversiones en dividendos: Invertir en acciones que pagan dividendos puede generar ingresos pasivos a medida que recibes pagos regulares de las ganancias de la empresa.

7. Crowdfunding de proyectos: (tokenización de activos): Plataformas de crowdfunding digital permiten invertir en proyectos innovadores (por ejemplo, proyectos inmobiliarios, de agronegocios, de energías limpias, de franquicias, etc.) y recibir retornos financieros a medida que los proyectos tienen éxito.

8. Alquiler de espacios para eventos: Si tienes un espacio adecuado, alquilarlo para eventos puede ser una fuente constante de ingresos.

9. Franquicias o negocios por internet: Adquirir franquicias o establecer negocios en línea puede brindar ingresos pasivos a medida que los sistemas y procesos se ejecutan.

10. Desarrollo de aplicaciones móviles: Crear aplicaciones útiles y populares puede generar ingresos a través de compras en la aplicación y publicidad.

11. Inversiones en fondos indexados: Invertir en fondos indexados diversificados puede generar ingresos pasivos a través de las ganancias del mercado.

12. Compra de patentes o licencias: Adquirir patentes o licencias y permitir que otros utilicen tus ideas puede generar regalías a largo plazo.

13. Arrendamiento de equipos o maquinaria: Si tienes equipos o maquinaria especializada, alquilarlos puede ser una fuente constante de ingresos.

14. Inversión en energía renovable: La inversión en energía solar o eólica puede generar ingresos pasivos a través de la venta de energía a la red eléctrica.

Aprovechar estas oportunidades para generar ingresos pasivos puede ser especialmente beneficioso en lugares donde la creatividad y la innovación son altamente valoradas. La combinación de la creciente adopción de la tecnología y la demanda de soluciones modernas crea un terreno fértil para la generación de ingresos pasivos.

EL ROL DE LA INTELIGENCIA ARTIFICIAL

La inteligencia artificial (IA) ha revolucionado la forma en que hacemos negocios. En Latinoamérica, la IA puede ser aplicada para mejorar la eficiencia en la gestión de negocios, automatizar tareas y optimizar procesos. Las oportunidades para desarrollar soluciones basadas en IA que generen ingresos pasivos son abundantes y pueden abarcar desde asistentes virtuales hasta análisis de datos avanzados.

A pesar de las oportunidades, generar ingresos pasivos no es sin desafíos. Requiere esfuerzo inicial, inversión y dedicación para establecer sistemas y procesos efectivos. Además, es importante investigar y planificar cuidadosamente antes de emprender cualquier iniciativa de generación de ingresos pasivos.

La generación de ingresos pasivos es una estrategia valiosa en un mundo donde la tecnología y la inteligencia artificial están transformando la forma en que vivimos y trabajamos. Las oportunidades de negocio y emprendimiento están en constante expansión. A través de ideas innovadoras y la aplicación de la tecnología, puedes aprovechar estas oportunidades para construir un patrimonio sólido y sostenible mientras contribuyes al desarrollo económico y social de la región.

LOS WALTON Y SU ESTRATEGIA DE GENERACIÓN DE INGRESOS PASIVOS

Una familia que ejemplifica la generación de varias fuentes de ingresos pasivos es la familia Walton, la familia detrás de la cadena minorista Walmart. Esta familia ha construido una inmensa riqueza a lo largo de las generaciones y ha diversificado sus fuentes de ingresos de manera significativa.

Su fuente de riqueza principal proviene de las acciones que poseen en Walmart, una de las empresas minoristas más grandes del mundo. Sin embargo, han diversificado su patrimonio de varias maneras:

Ingresos por dividendos de Walmart: La familia Walton posee una gran cantidad de acciones de Walmart, lo que les proporciona ingresos pasivos sustanciales en forma de dividendos. Estos dividendos se generan a medida que la empresa distribuye parte de sus ganancias a los accionistas.

Adquisición de bienes raíces: Los Walton también han adquirido bienes raíces comerciales y residenciales. Esto incluye la propiedad de plazas y otras propiedades comerciales, lo que les proporciona ingresos de alquiler y ganancias de capital.

Fundación Walton: Es una organización filantrópica que administra una gran cantidad de activos. Los rendimientos de estas inversiones se utilizan para apoyar diversas causas benéficas y programas educativos.

Inversiones en otras empresas: Además de Walmart, la familia ha realizado inversiones en otras empresas a lo largo de los años. Estas inversiones incluyen participaciones en diversas empresas y sectores, lo que les permite diversificar aún más sus fuentes de ingresos pasivos.

Inversiones financieras: Los Walton también invierten en instrumentos financieros, como bonos y acciones, lo que les proporciona rendimientos adicionales en forma de intereses y dividendos.

La familia Walton es un ejemplo de cómo una familia con una fuente principal de riqueza, como Walmart, puede diversificar y expandir su patrimonio mediante la generación de varias fuentes de ingresos pasivos. Esta estrategia les ha permitido preservar y hacer crecer su patrimonio a lo largo de las generaciones, convirtiéndolos en una de las familias más ricas del mundo.

IIIe. ONCE FORMAS PARA CRECER LAS UTILIDADES

Incrementar las utilidades de una empresa es esencial para su crecimiento y éxito financiero. Aquí tienes once estrategias detalladas para lograrlo:

1. Optimiza los costos de producción:

- Examina tus procesos de producción para eliminar desperdicios y mejorar la eficiencia.

- Utiliza métodos Lean o Six Sigma para reducir costos y aumentar las utilidades.

2. Aumenta los precios estratégicamente:

- Analiza tu mercado y la percepción de valor de tus productos o servicios para determinar si puedes subir los precios.

- Comunica mejoras o características adicionales para respaldar un aumento de precio.

3. Enfócate en la retención de clientes:

- La retención de clientes a largo plazo es más rentable que adquirir nuevos. Invierte en programas de lealtad y servicio al cliente.

- Ofrece descuentos o recompensas a clientes leales para fomentar su permanencia.

4. Diversifica tu cartera de productos o servicios:

- Considera expandir tu oferta con productos o servicios relacionados o complementarios. Esto te permite llegar a una base de clientes más amplia y aumentar los ingresos.

5. Abre nuevos mercados:

- Identifica oportunidades de crecimiento en mercados geográficos adicionales.

- Explora la expansión internacional si tus productos o servicios tienen potencial en el extranjero.

6. Optimiza tu gestión de inventario:

- Evita el exceso de inventario y la obsolescencia. Utiliza sistemas de gestión de inventario eficientes.

- Reduce costos de almacenamiento y pérdida de productos.

7. Incrementa la eficiencia energética:

- Realiza una auditoría energética para identificar áreas de ahorro de energía.

- Invierte en tecnologías y prácticas más sostenibles para reducir los costos de energía.

8. Utiliza el marketing digital:

- Aprovecha las estrategias de marketing en línea para llegar a una audiencia más amplia y específica.

- La publicidad en línea, las redes sociales y el SEO son herramientas poderosas.

9. Invierte en tecnología:

- La automatización y la digitalización pueden mejorar la eficiencia y reducir costos.

- Las soluciones tecnológicas pueden optimizar la gestión de la empresa y los procesos internos.

10. Explora nuevos canales de venta:

- Diversifica tus canales de distribución, como ventas en línea, mercados en línea o ventas directas al consumidor.

- Esto puede ampliar tu alcance y generar más ventas.

11.Reduce gastos generales:

- Evalúa constantemente tus gastos generales, como alquiler, seguros, y servicios públicos.

- Busca oportunidades para reducir costos sin comprometer la calidad o el servicio.

Cada empresa es única, por lo que es importante adaptar estas estrategias a sus necesidades y circunstancias específicas. Realizar un análisis detallado de costos y operaciones es fundamental para tomar decisiones informadas y aumentar las utilidades de la empresa.

EVALUACIÓN DE CADA INICIATIVA

Usa esta plantilla para evaluar cada estrategia en función de tus necesidades, recursos y contexto empresarial específico. Esto te ayudará a priorizar las estrategias que tienen un mayor potencial de incrementar las utilidades de tu empresa.

Estrategia	% de aplicación	Complejidad de implementación	Costos asociados	Prioridad
Optimiza los costos de producción				
Examinar procesos de producción				
Utilizar Lean o Six Sigma				
Aumenta los precios estratégicamente				

Estrategia	% de aplicación	Complejidad de implementación	Costos asociados	Prioridad
Analizar mercado y valor percibido				
Comunicar mejoras				
Enfócate en la retención de clientes				
Invertir en programas de lealtad				
Ofrecer descuentos/ recompensas				
Diversifica tu cartera de productos				
Expandir oferta con productos relacionados				
Abre nuevos mercados				
Identificar oportunidades en nuevos mercados				
Explorar expansión internacional				
Optimiza tu gestión de inventario				

Estrategia	% de aplicación	Complejidad de implementación	Costos asociados	Prioridad
Evitar exceso de inventario y obsolescencia				
Reducir costos de almacenamiento				
Incrementa la eficiencia energética				
Realizar auditoría energética				
Invertir en tecnologías sostenibles				
Utiliza el marketing digital				
Aprovechar estrategias de marketing en línea				
Utilizar publicidad en línea y redes sociales				
Emplear SEO				
Invierte en tecnología				
Utilizar automatización y digitalización				

Estrategia	% de aplicación	Complejidad de implementación	Costos asociados	Prioridad
Implementar soluciones tecnológicas				
Explora nuevos canales de venta				
Diversificar canales de distribución				
Ampliar alcance con ventas en línea				
Reduce gastos generales				
Evaluar gastos generales				
Buscar oportunidades de reducción				

IMPLEMENTACIÓN DE CADA INICIATIVA

Utiliza el siguiente formato de seguimiento de implementación para las iniciativas que vayas a utilizar. Principio del formulario

Plan de Seguimiento de Implementación

Nombre de la Iniciativa: [Nombre de la estrategia]

Objetivos de la Iniciativa:

- [Objetivo 1]

- [Objetivo 2]

- [Objetivo 3]

Responsable de la Iniciativa: [Nombre del responsable]

Fecha de Inicio de la Implementación: [Fecha de inicio]

Fecha de Finalización de la Implementación: [Fecha de finalización]

Pasos de Implementación:

Nota: Desglosa la estrategia en pasos o tareas más pequeñas para facilitar el seguimiento.

1. Descripción del Paso 1:

    - Fecha de Inicio Prevista: [Fecha]

    - Fecha de Finalización Prevista: [Fecha]

    - Recursos Necesarios: [Recursos]

    - Indicadores Clave de Desempeño (KPIs): [KPIs]

    - Observaciones o Comentarios: [Comentarios]

2. Descripción del Paso 2:

    - Fecha de Inicio Prevista: [Fecha]

    - Fecha de Finalización Prevista: [Fecha]

    - Recursos Necesarios: [Recursos]

    - Indicadores Clave de Desempeño (KPIs): [KPIs]

    - Observaciones o Comentarios: [Comentarios]

3. Descripción del Paso 3:

- Fecha de Inicio Prevista: [Fecha]

- Fecha de Finalización Prevista: [Fecha]

- Recursos Necesarios: [Recursos]

- Indicadores Clave de Desempeño (KPIs): [KPIs]

- Observaciones o Comentarios: [Comentarios]

Evaluación y Seguimiento:

- [Frecuencia de seguimiento, p. ej. semanal, mensual, trimestral]

- Durante las reuniones de seguimiento, evaluar el progreso en cada paso.

- Actualizar los KPIs y compararlos con los objetivos previstos.

- Identificar y abordar posibles desviaciones o problemas en la implementación.

- Ajustar el plan según sea necesario.

Comunicación:

- Mantener a todas las partes interesadas informadas sobre el progreso y los resultados.

- Compartir informes periódicos de seguimiento.

Revisión y Actualización del Plan:

- A medida que avanza la implementación, ajusta el plan según sea necesario para abordar los desafíos emergentes y oportunidades.

Este modelo te proporciona una estructura básica para realizar un seguimiento efectivo de la implementación de tus estrategias y asegurarte de que se estén logrando los objetivos previstos. Puedes personalizarlo según las necesidades específicas de tus iniciativas y empresa.

4. LA PREVISIÓN DE RIESGOS

"La mayor recompensa se encuentra se encuentra fuera de tu zona de comodidad."

Robert G. Allen

La palabra "riesgo" tiene su origen en el árabe *"risk,"* que se refiere a un peligro o una amenaza. Desde el punto de vista etimológico, "riesgo" implica enfrentar situaciones potencialmente peligrosas o inciertas. Esta noción es fundamental en la gestión patrimonial y financiera.

Podemos definir el riesgo como la incertidumbre que nos importa. Probablemente sea la definición más clara para comprender su significado y su origen.

La incertidumbre es un componente inherente a la vida y, por ende, a la gestión patrimonial. Ciertamente, hay circunstancias que deben importarnos, ya que afectan directamente nuestra capacidad para generar, conservar, proteger, consolidar y blindar nuestro patrimonio. El blindaje patrimonial es una respuesta inteligente a esta realidad.

El blindaje patrimonial implica no solo reconocer la incertidumbre, sino también anticiparse a ella. Significa planificar de manera proactiva y tomar medidas que minimicen los riesgos que puedan amenazar nuestro patrimonio. Esta anticipación, planificación e implementación de medidas estratégicas es esencial para proteger nuestros activos y asegurar un futuro financiero más seguro y próspero.

El proceso de blindaje patrimonial implica evaluar y comprender los riesgos financieros y personales que podrían surgir, desde crisis económicas hasta desafíos legales o de salud. A través de una estrategia sólida, diversificación de activos, la utilización de herramientas financieras y legales adecuadas, y la gestión de seguros, podemos abordar los riesgos y proteger nuestro patrimonio de manera efectiva.

En última instancia, el blindaje patrimonial es un enfoque estratégico y responsable para garantizar que nuestro patrimonio, fruto de nuestro esfuerzo y trabajo, esté resguardado frente a las incertidumbres del presente y el futuro.

Algunas de las áreas donde se aplica el concepto de riesgo son:

1. **Inversiones**: Al invertir, el riesgo se asocia con la posibilidad de que el rendimiento de una inversión sea diferente del esperado. Las inversiones conllevan un cierto nivel de riesgo, y los inversores deben evaluar y administrar este riesgo en función de sus objetivos financieros y tolerancia al riesgo.

2. **Seguros**: En el contexto de los seguros, el riesgo se refiere a la probabilidad de un evento adverso, como un accidente o una enfermedad. Las compañías de seguros evalúan el riesgo para determinar las primas y los beneficios de las pólizas.

3. **Planificación del retiro**: Al planificar el retiro, es fundamental considerar el riesgo financiero. Esto implica evaluar cómo los factores económicos, como la inflación, la volatilidad del mercado y las tasas de interés, pueden afectar la capacidad de una persona para mantener su calidad de vida después de jubilarse.

4. **Gestión patrimonial**: En la gestión patrimonial, el riesgo se refiere a los eventos que pueden amenazar la integridad y el valor de un patrimonio. Esto puede incluir riesgos legales, fiscales, de salud, entre otros.

5. **Finanzas empresariales**: En el ámbito empresarial, el riesgo está relacionado con la posibilidad de pérdidas financieras. Las empresas evalúan y gestionan los riesgos en áreas como las finanzas, la operación, la gestión de recursos humanos y la estrategia empresarial.

6. **Gestión de proyectos**: En la gestión de proyectos, se evalúan y gestionan los riesgos que pueden afectar la finalización exitosa de un proyecto. Esto puede incluir riesgos financieros, de plazos, de recursos, entre otros.

La gestión adecuada del riesgo es esencial para proteger y preservar el patrimonio. Implica evaluar los riesgos potenciales, tomar medidas para reducir o mitigar estos riesgos y, en algunos casos, transferir el riesgo a través de seguros u otros instrumentos financieros. La gestión del riesgo es un componente crítico de la toma de decisiones financieras y patrimoniales, ya que ayuda a garantizar la seguridad y el crecimiento de los activos a lo largo del tiempo.

Por otra parte, la palabra "prever" proviene del latín "*praevidere*," que se compone de "*prae*" (antes) y "*videre*" (ver). Por lo tanto, "prever" implica "ver antes" o anticipar. Desde una perspectiva patrimonial, prever significa anticipar o ver con antelación los posibles riesgos o desafíos que puedan afectar nuestro patrimonio.

La previsión es fundamental en la gestión patrimonial, ya que nos permite tomar medidas proactivas para anticipar y mitigar los riesgos. En lugar de simplemente reaccionar ante eventos inesperados, la previsión nos capacita para identificar posibles amenazas y oportunidades con anticipación.

La previsión en la gestión patrimonial implica ser consciente de que la incertidumbre es una constante en la vida. Al reconocer y prever posibles desafíos, estamos mejor preparados para tomar decisiones informadas y mantener seguros y prósperos nuestros activos financieros.

EL DESEMBARCO DE LAS TROPAS ALIADAS EN NORMANDÍA

Un ejemplo emblemático en la historia en el que fue crítico prever riesgos y se tomaron medidas preventivas es el "Día D" durante la Segunda Guerra Mundial.

El "Día D" se refiere al 6 de junio de 1944, cuando las fuerzas aliadas llevaron a cabo una invasión masiva en las playas de Normandía, en la costa norte de Francia. Esta operación, también conocida como la Operación Overlord, marcó un punto de inflexión en la guerra al permitir que las fuerzas aliadas establecieran un frente en Europa occidental, desde donde finalmente avanzaron hacia el continente y derrotaron a las fuerzas alemanas.

La importancia de prever riesgos y tomar medidas preventivas en este evento histórico fue crucial por varias razones:

1. **Logística masiva**: La invasión de Normandía fue una de las mayores operaciones militares de la historia. Se necesitó una planificación logística detallada para coordinar la llegada de tropas, vehículos, suministros y equipos en un corto período de tiempo y a través del Canal de la Mancha.

2. **Riesgo de fracaso**: La invasión tenía el potencial de ser un fracaso catastrófico si las fuerzas alemanas hubieran anticipado el ataque o si las condiciones meteorológicas hubieran sido desfavorables. Prever estos riesgos era fundamental para el éxito.

3. **Secreto y engaño**: Los aliados implementaron una campaña de engaño masiva para confundir a los alemanes sobre el lugar y la hora de la invasión. Esto involucró la creación de fuerzas ficticias y mensajes engañosos para mantener el secreto del Día D.

4. **Inteligencia militar**: La recopilación de inteligencia precisa sobre las defensas alemanas en Normandía fue esencial. Los aliados realizaron misiones de reconocimiento aéreo, capturaron prisioneros alemanes y descifraron comunicaciones enemigas para obtener información crítica.

5. **Planificación detallada**: Cada aspecto de la operación se planificó meticulosamente, desde la elección

de las playas de desembarco hasta las tácticas de combate, la coordinación entre fuerzas y la estrategia general.

El resultado fue que, aunque enfrentaron fuertes resistencias y pérdidas significativas, las fuerzas aliadas lograron establecer una cabeza de playa en Normandía y avanzar hacia Europa continental. El éxito del Día D allanó el camino para la liberación de Francia y, finalmente, la derrota de la Alemania nazi.

Este evento histórico ejemplifica la importancia de prever riesgos, tomar medidas preventivas, llevar a cabo una planificación exhaustiva y actuar con determinación para lograr un objetivo crítico. También destaca cómo la gestión adecuada de riesgos puede ser decisiva en situaciones de alta complejidad y tensión.

IVa. LA ONTOLOGÍA DEL LENGUAJE EN LOS NEGOCIOS

La Ontología del Lenguaje es una corriente filosófica y teoría desarrollada por el filósofo y consultor chileno Rafael Echeverría. Esta ontología se enfoca en el estudio del lenguaje y su influencia en la construcción de nuestra realidad, así como en la forma en que influye en nuestras acciones, comportamientos y relaciones.

En la Ontología del Lenguaje, se considera que el lenguaje no es simplemente un medio de comunicación, sino que también es una herramienta fundamental para crear significado y comprender el mundo que nos rodea. Según esta perspectiva, nuestras palabras y conversaciones moldean nuestra percepción de la realidad y afectan cómo interpretamos y actuamos en el mundo.

Desde esta perspectiva, una de las formas más efectivas para prevenir riesgos y ser expertos negociadores para crear y conservar patrimonio es la de ejercitarnos en comprender con mayor claridad la forma en la que nos hablamos, lo que les decimos a los demás y lo que entendemos de lo que otras personas intentan transmitirnos. La comunicación efectiva es fundamental para tener éxito financiero.

Algunos conceptos clave de la Ontología del Lenguaje de Rafael Echeverría incluyen:

Observador y observación: Echeverría argumenta que somos "observadores" de nuestro mundo y que nuestra realidad está influenciada por nuestras interpretaciones y percepciones individuales. Nuestras observaciones y descripciones del mundo se construyen a través del lenguaje.

Distinciones: El lenguaje nos permite realizar distinciones y categorizar nuestro entorno. A través de estas distinciones, creamos una estructura de significado y sentido en nuestras vidas.

Conversaciones: Las conversaciones juegan un papel fundamental en cómo interactuamos con los demás y cómo construimos relaciones sociales. El lenguaje utilizado en las conversaciones puede tener un impacto significativo en la forma en que nos relacionamos y nos entendemos mutuamente.

Responsabilidad: La Ontología del Lenguaje enfatiza la importancia de asumir la responsabilidad de nuestras acciones y palabras. Al ser conscientes de cómo utilizamos el lenguaje, podemos tomar decisiones más informadas y conscientes en nuestras vidas.

La Ontología del Lenguaje se ha aplicado en diversos campos, como el liderazgo, la comunicación, el coaching y la psicoterapia. También ha sido utilizada en el ámbito organizacional y empresarial para mejorar la gestión, la toma de decisiones y la cultura empresarial. La teoría de Echeverría ha tenido una influencia significativa en la comprensión de cómo el lenguaje moldea nuestra realidad y cómo podemos utilizarlo de manera más efectiva para generar cambios positivos en nuestras vidas y en la sociedad a través del desarrollo de las Competencias Conversacionales y los diversos actos del habla constituidas en ellas como son las Afirmaciones y las Declaraciones: Básicas, Ofertas, Peticiones, Promesas y Juicios.

La Ontología del Lenguaje se basa en los siguientes postulados y principios:

Postulados:

1. Los seres humanos somos seres lingüísticos, seres que somos de la forma particular que somos y que vivimos de la manera como vivimos, por disponer de una determinada capacidad de lenguaje.

2. El lenguaje involucra al menos dos dimensiones que juegan un papel determinante en nuestra existencia: el sentido y la acción.

3. El lenguaje es generativo. A través de él construimos y transformamos mundos de la misma forma como nos construimos y nos transformamos a nosotros mismos. El lenguaje genera realidades.

Principios:

1. No sabemos cómo las cosas son. Solo sabemos cómo las observamos o como las interpretamos. Vivimos en mundos interpretativos.

2. No solo actuamos de acuerdo a como somos (y así lo hacemos), también somos como actuamos. La acción genera ser.

3. La acción de toda entidad resulta de su propia estructura y de la estructura del sistema en el que tal entidad se desenvuelve. Ello define su ámbito de acciones posibles. Dentro de ese ámbito;

sin embargo, suele estar la capacidad de introducir transformaciones en ambas estructuras. Estas transformaciones generan la posibilidad de acciones que antes no eran posibles.

La Ontología del Lenguaje también se aplica a las organizaciones empresariales. Desde esta perspectiva una Organización es un fenómeno lingüístico, una unidad construida a partir de conversaciones específicas, basada en la capacidad de sus colaboradores para efectuar compromisos mutuos cuando se comunican entre sí.

También, una empresa se puede comprender como una red estable de conversaciones que genera una identidad pública en el mundo, que va más allá de los individuos que la integran. Las empresas son agentes de acción que, por lo tanto, se vuelven socialmente responsables de sus acciones.

En la sociedad como en las empresas y organizaciones se da una ética de la convivencia particular, esta ética tiene dos líneas interpretativas:

A. La de saber convivir, saber vivir en armonía (lo que implica convivir desde el respeto mutuo como valor, es decir, la aceptación del otro como legítimo, diferente y autónomo) y,

B. Dado que cada uno interpretamos el mundo a nuestra manera, debemos de hacernos responsables de nuestras interpretaciones.

Las empresas constituyen un claro ejemplo del poder de las conversaciones. Sin el lenguaje no podríamos construir organizaciones. Es en las conversaciones que las empresas se constituyen como unidades particulares, circunscribiendo a sus miembros en una entidad.

También es en las conversaciones que las empresas aseguran su existencia en el entorno, principalmente haciendo ofertas y aceptando peticiones en el mercado. La estructura de una organización está construida como una red de promesas mutuas. Cada persona está ligada a la organización por compromisos específicos y es responsable de cumplir con algunas condiciones de satisfacción determinadas.

En las organizaciones empresariales, la gente hace promesas en variados dominios. Hay promesas en el dominio de la producción, las ventas, el marketing, el servicio al cliente, la administración, la gerencia general y así sucesivamente. Esta red interna de promesas es lo que le permite a una empresa cumplir sus propias promesas como entidad en el mercado. Si las personas que laboran en ella cumplen sus promesas, la empresa puede cumplir sus promesas con sus clientes, proveedores, accionistas, etc.

La cultura organizacional permite el desarrollo de prácticas sociales propias, de estándares sociales comunes desde los cuales cada miembro individual emite juicios, de formas compartidas de actuar y de hacer frente a las circunstancias para producir resultados.

Todo ocurre en conversaciones, si queremos comprender una empresa debemos examinar las conversaciones que la constituyeron en el pasado y las que la constituyen en la actualidad. La fortaleza de una empresa nos conducirá a la fortaleza de sus conversaciones, sus debilidades se relacionan con las debilidades de sus conversaciones o con el hecho de que podrían faltar algunas conversaciones decisivas.

Te invito a ver este video:

CÓMO GANAR DINERO COMUNICÁNDOSE EFECTIVAMENTE

La comunicación efectiva es una habilidad valiosa en cualquier contexto, pero puede tener un impacto significativo en nuestra capacidad para ganar dinero y generar oportunidades financieras. Aquí te msotramos formas en las que puedes aplicar los principios de "La Ontología del Lenguaje" para ganar dinero a través de una comunicación más efectiva:

1. Establecer relaciones de confianza:

Las relaciones de confianza son fundamentales en los negocios y las finanzas. Comunicarte de manera auténtica y sincera establece la base para relaciones duraderas y beneficiosas. Escuchar activamente y mostrar interés genuino en los demás crea un ambiente de confianza que puede conducir a oportunidades financieras y colaboraciones exitosas.

2. Negociación y cierre de acuerdos:

La comunicación efectiva es esencial en la negociación y cierre de acuerdos. A través de conversaciones bien estructuradas, puedes transmitir tus objetivos y entender las necesidades de la otra parte. La capacidad de articular tus propuestas y comprender las expectativas de los demás te da una ventaja en la negociación y puede llevar a acuerdos más favorables.

3. Marketing y ventas:

En el mundo empresarial, la comunicación es clave en el marketing y las ventas. La capacidad de presentar tus productos o servicios de manera convincente y relevante puede influir en las decisiones de compra de los clientes. Utiliza el lenguaje de manera estratégica para resaltar los beneficios y soluciones que ofreces, generando interés y aumentando las oportunidades de ventas.

4. Construir una marca personal:

La ontología del lenguaje también se aplica a la construcción de una marca personal sólida. La forma en que te presentas y te comunicas en línea y fuera de línea afecta la percepción que los demás tienen de ti. Transmitir tus habilidades, valores y logros de manera efectiva puede abrir puertas a oportunidades de trabajo, colaboraciones y emprendimientos.

5. Habilidades de comunicación en liderazgo:

En roles de liderazgo, la comunicación efectiva es esencial para motivar, guiar y dirigir a equipos. Comunicarte con claridad y empatía puede inspirar a otros a alcanzar sus objetivos y contribuir al éxito general de un proyecto o empresa.

6. Negocios en línea:

En la era digital, la comunicación en línea es crucial para el éxito de los negocios en línea. Desde la redacción de contenido web hasta la interacción en las redes sociales, la forma en que te comunicas en línea puede atraer a audiencias, aumentar la visibilidad y generar ingresos a través de ventas y publicidad.

Pasos para comunicarse efectivamente según "La Ontología del Lenguaje":

1. **Autoconciencia:** Comprende cómo tus propias palabras y comunicación influyen en tu percepción y acciones. Reflexiona sobre cómo te comunicas contigo mismo y con los demás.

2. **Escucha activa:** Presta atención a las conversaciones y escucha más allá de las palabras. Intenta comprender las emociones y necesidades detrás de lo que se está comunicando.

3. **Claridad y sencillez:** Comunica tus ideas de manera clara y sencilla. Evita la jerga innecesaria y utiliza un lenguaje accesible para que tu mensaje sea comprendido por todos.

4. **Empatía:** Intenta comprender la perspectiva de los demás y muestra empatía en tus conversaciones. La empatía crea conexiones más fuertes y facilita la resolución de conflictos.

5. **Lenguaje positivo:** Utiliza un lenguaje positivo y constructivo en tus conversaciones. Evita la crítica destructiva y en su lugar, enfócate en soluciones y oportunidades.

6. **Comunicación asertiva:** Comunica tus necesidades y deseos de manera clara y respetuosa. El asertividad te permite defender tus intereses sin dañar las relaciones.

La comunicación efectiva es una herramienta poderosa para ganar dinero y tener éxito en el mundo financiero. Aplicar los principios de "La Ontología del Lenguaje" de Rafael Echeverría puede ayudarte a construir relaciones sólidas, cerrar acuerdos beneficiosos, promocionar tus productos y servicios de manera convincente y construir una marca personal sólida. Al desarrollar habilidades de comunicación efectiva y consciente, puedes abrir puertas a nuevas oportunidades financieras y alcanzar tus objetivos con confianza y éxito.

RICHARD BRANSON: EL COMUNICADOR PERSUASIVO

Richard Branson, el fundador del Grupo Virgin, es un destacado empresario británico conocido por su éxito en diversas industrias, incluyendo la música, la aviación, los viajes espaciales y más. Su habilidad para comunicarse eficientemente ha sido fundamental para su éxito.

Cómo aplicó la comunicación eficiente:

Autoconciencia: Branson es conocido por su imagen y marca personal. Comprende cómo sus palabras y acciones afectan la percepción de su marca. Siempre ha sido auténtico en su comunicación y se ha mantenido fiel a sus valores y creencias.

Escucha activa: A lo largo de su carrera, Branson ha demostrado ser un oyente activo. Ha buscado continuamente las opiniones y retroalimentación de su equipo, clientes y otras partes interesadas. Esto le ha permitido adaptarse a las necesidades cambiantes del mercado.

Claridad y sencillez: La marca Virgin se ha destacado por su enfoque en la simplicidad y la accesibilidad. Branson ha comunicado sus ideas y servicios de manera clara y sencilla, lo que ha facilitado la comprensión y la adopción por parte del público.

Empatía: Branson es conocido por su empatía hacia sus colaboradores y clientes. Se ha preocupado por el bienestar de sus colaboradores y ha adoptado un enfoque centrado en el cliente en todas sus empresas.

Lenguaje positivo: Branson es un defensor del pensamiento positivo. Ha utilizado un lenguaje positivo en sus comunicados y ha evitado críticas destructivas. Esto ha ayudado a mantener una imagen positiva de su marca.

La eficiente comunicación de Richard Branson ha sido esencial para su éxito empresarial. Ha construido una marca personal sólida que refleja sus valores y creencias. Su capacidad para escuchar activamente ha impulsado la innovación en sus empresas. La claridad y sencillez en su comunicación han atraído a una amplia base de clientes. Su empatía y lenguaje positivo han fortalecido las relaciones tanto con empleados como con clientes. Branson es un ejemplo destacado de cómo la comunicación eficiente puede contribuir al éxito empresarial a largo plazo.

IVb. EL ENTRENAMIENTO PARA MANEJAR LOS CONFLICTOS

En la búsqueda constante de una vida y un patrimonio equilibrados y prósperos, es inevitable que nos encontremos con situaciones desafiantes y obstáculos que requieran soluciones. Dos términos comunes en este contexto son "problema" y "conflicto". Aunque a menudo se utilizan de manera intercambiable, es fundamental entender sus diferencias y aplicar las mejores prácticas para manejarlos de manera efectiva.

PROBLEMAS VS CONFLICTOS

Un problema es una situación que requiere una solución y generalmente implica un desafío técnico o práctico. Los problemas son situaciones objetivas que pueden abordarse mediante la identificación de causas y la búsqueda de soluciones racionales. Por otro lado, un conflicto es una divergencia de intereses, valores, opiniones o necesidades entre individuos o grupos. Los conflictos son subjetivos y emocionales, y pueden surgir tanto en situaciones personales como profesionales.

La distinción entre problemas y conflictos es crucial para abordarlos adecuadamente. Los problemas se resuelven a través de análisis, lógica y toma de decisiones informadas. Los conflictos, en cambio, requieren una comprensión más profunda de las emociones y motivaciones involucradas, así como estrategias para fomentar la comunicación y la cooperación.

MEJORES PRÁCTICAS PARA GESTIONAR CONFLICTOS

Tanto a nivel personal como profesional, la gestión responsable de conflictos es esencial para evitar consecuencias negativas y fomentar relaciones saludables. Principalmente para los negocios y no dejar ir oportunidades de generar nuevos y mayores ingresos. Aquí algunas mejores prácticas internacionales:

Comunicación abierta y empática: Escuchar activamente y entender las perspectivas y emociones de todas las partes involucradas es fundamental para resolver conflictos. Practicar la empatía crea un espacio para el entendimiento mutuo y la colaboración.

Negociación y colaboración: Buscar soluciones mutuamente beneficiosas es esencial. En lugar de enfrentarse como adversarios, las partes pueden trabajar juntas para encontrar un terreno común que satisfaga sus intereses.

Resolución basada en intereses: En lugar de centrarse en posiciones rígidas, concentrarse en los intereses subyacentes puede llevar a soluciones más creativas y satisfactorias.

Gestión de emociones: Reconocer y manejar las emociones en conflicto es crucial. La inteligencia emocional permite controlar las respuestas emocionales y tomar decisiones racionales.

Mediación y facilitación: En casos complejos, la intervención de un mediador imparcial puede ayudar a guiar la discusión y encontrar soluciones equitativas.

Enfoque en el futuro: Concentrarse en objetivos a largo plazo y en la construcción de relaciones positivas puede ayudar a superar los obstáculos actuales.

Aprendizaje continuo: Reflexionar sobre los conflictos pasados y buscar formas de mejorar la comunicación y la resolución puede fortalecer las habilidades de gestión de conflictos.

En resumen, el manejo responsable de conflictos implica entender la diferencia entre problemas y conflictos, y aplicar estrategias basadas en la empatía, la comunicación efectiva y la colaboración. Las mejores prácticas internacionales resaltan la importancia de mantener un enfoque en soluciones mutuamente beneficiosas y en la construcción de relaciones saludables, tanto en el ámbito personal como en el profesional.

La siguiente ilustración muestra cómo deben buscarse los intereses comunes para la resolución de conflictos:

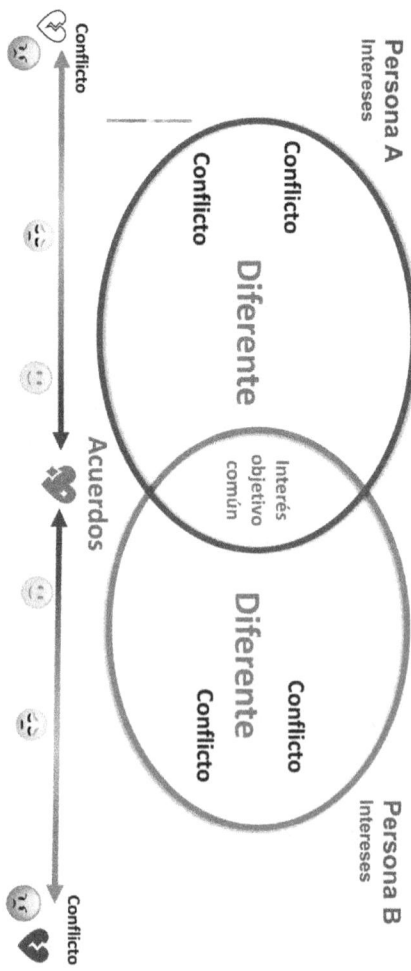

TIM COOK: EL SUCESOR DE STEVE JOBS EN APPLE INC.

Tim Cook es el actual CEO de Apple Inc., una de las empresas más valiosas del mundo. Cook asumió el liderazgo de Apple en 2011, sucediendo al legendario Steve Jobs. Su éxito radica en la forma en que ha manejado conflictos y desafíos desde su posición de liderazgo.

Cómo ha manejado los conflictos de manera adecuada:

Gestión de la sucesión: Cook asumió la dirección de Apple después de la enfermedad de Steve Jobs y su posterior fallecimiento. Este fue un momento crítico y conflictivo para la empresa, ya que Jobs era una figura icónica. Cook manejó la transición con estabilidad y continuidad. En lugar de tratar de ser un "nuevo Jobs", se mantuvo fiel a su propio estilo de liderazgo, lo que aportó estabilidad a la empresa.

Conflicto con el Gobierno de los Estados Unidos: Apple se enfrentó a un conflicto importante con el gobierno de los Estados Unidos sobre la privacidad y la seguridad de los datos de los usuarios. Cook se mantuvo firme en la defensa de la privacidad de los clientes, incluso cuando eso significaba enfrentarse al gobierno. Esta postura ayudó a fortalecer la imagen de Apple como una empresa comprometida con la protección de datos y la privacidad del usuario.

Innovación y diversificación: Cook también manejó conflictos relacionados con la innovación y la diversificación de productos. Bajo su liderazgo, Apple continuó innovando con productos como el Apple Watch y los servicios como Apple Music. Cook ha impulsado la diversificación de los ingresos de la empresa y ha evitado depender exclusivamente del iPhone.

La habilidad de Tim Cook para manejar conflictos y desafíos ha sido fundamental para el éxito continuo de Apple. La gestión de la transición de liderazgo, la defensa de la privacidad de los clientes y la apuesta por la innovación han contribuido al crecimiento y la fortaleza de la empresa. Cook es un ejemplo de cómo un liderazgo sólido y la gestión adecuada de los conflictos pueden mantener una empresa en la cima de la industria a largo plazo.

IVc. LOS SEGUROS DE DAÑOS Y RIESGOS PERSONALES

Un seguro es un contrato legal en el que una parte, generalmente una compañía de seguros se compromete a brindar una compensación financiera a la otra parte, el asegurado, en caso de que ocurra un evento o pérdida cubierta por el contrato. Los seguros son una herramienta financiera y patrimonial clave que se utiliza para gestionar y mitigar riesgos financieros. Aquí se explica cómo se deben utilizar de manera efectiva:

1. Identifica riesgos financieros: El primer paso es identificar los riesgos financieros a los que te enfrentas. Estos riesgos pueden ser muy variados, como daños a tu propiedad, lesiones personales, enfermedades graves, pérdida de ingresos, responsabilidad civil y más. Es fundamental evaluar tus circunstancias personales, familiares o empresariales para identificar los riesgos que debes mitigar.

2. Selecciona la cobertura adecuada: Una vez que hayas identificado los riesgos, debes elegir la cobertura de seguro adecuada. Cada tipo de seguro está diseñado para cubrir un conjunto específico de riesgos. Por ejemplo, un seguro de automóviles cubre accidentes automovilísticos, mientras que un seguro de salud cubre gastos médicos. Asegúrate de seleccionar pólizas que se adapten a tus necesidades y que ofrezcan una cobertura adecuada.

3. Pago de primas: Para mantener la cobertura de seguro, debes pagar primas regularmente. Las primas son pagos periódicos que realizas a la compañía de seguros a cambio de mantener tu póliza activa. El costo de las primas varía según el tipo de seguro, la cobertura y otros factores. Es importante pagar las primas a tiempo para evitar la cancelación de la póliza.

4. Reporte de siniestros: Si ocurre un evento cubierto por tu póliza, debes reportarlo a la compañía de seguros de inmediato. Esto inicia el proceso de reclamación. Por ejemplo, si tienes un accidente de automóvil, debes informar a la aseguradora y proporcionar detalles sobre el incidente.

5. Evaluación y liquidación de reclamaciones: La compañía de seguros evaluará la reclamación para determinar si está cubierta por la póliza y en qué medida. Si la reclamación es válida, la compañía pagará una compensación financiera al asegurado para cubrir los costos relacionados con la pérdida o el evento.

6. Mantenimiento de documentación: Es importante mantener registros detallados de todas tus pólizas de seguro, primas pagadas, comunicaciones con la aseguradora y detalles de eventos y reclamaciones. Esto es esencial para facilitar el proceso de reclamación y para garantizar que recibas una compensación justa.

7. Reevaluación periódica: Tus necesidades de seguro pueden cambiar con el tiempo debido a cambios en tu vida, como matrimonio, nacimiento de hijos, adquisición de activos, jubilación, entre otros. Es fundamental reevaluar tus pólizas periódicamente y ajustar la cobertura según sea necesario para garantizar que sigas adecuadamente protegido.

8. Asesoramiento profesional: En algunos casos, especialmente cuando se trata de seguros más complejos o en situaciones patrimoniales especiales, puede ser valioso consultar a un asesor financiero o un corredor de seguros. Estos profesionales pueden ayudarte a tomar decisiones informadas sobre tus necesidades de seguro y encontrar las pólizas más adecuadas.

Los seguros son una herramienta esencial para proteger tu patrimonio y mitigar riesgos financieros. Al utilizarlos de manera efectiva y administrar tus pólizas adecuadamente, puedes garantizar que tu seguridad financiera esté respaldada y que puedas enfrentar los desafíos inesperados de la vida con confianza.

LOS SEGUROS DE DAÑOS

Los seguros de daños son una categoría de seguros diseñados para proteger tu patrimonio y activos contra una variedad de riesgos y pérdidas materiales. Estos seguros brindan una capa de seguridad financiera al compensarte por los daños o pérdidas que puedas sufrir debido a eventos imprevistos y a menudo costosos. Aquí se explica su importancia en la gestión de riesgos y la protección patrimonial:

Protección contra pérdidas financieras: Los seguros de daños, como el seguro de vivienda, seguro de automóviles, o seguro de negocios, ofrecen protección financiera en caso de daños a tus bienes. Imagina que tu casa sufre daños por un incendio, una inundación o un robo. Sin un seguro de vivienda, tendrías que asumir los costos de reparación o reemplazo de tu propiedad. Con un seguro, la compañía de seguros se encargará de cubrir la mayoría de los gastos, ayudándote a evitar una pérdida financiera significativa.

Cumplimiento de requisitos legales: Algunos seguros de daños, como el seguro de automóviles, son obligatorios por ley en muchas jurisdicciones. No tener el seguro requerido puede resultar en multas, sanciones legales y la pérdida de licencias o privilegios de conducción. Cumplir con estos requisitos legales es esencial para proteger tu patrimonio y evitar problemas legales.

Reducción de la exposición al riesgo: Las situaciones imprevistas pueden causar pérdidas significativas y potencialmente devastadoras. Un accidente automovilístico, un incendio en tu hogar o daños a tu negocio pueden tener un impacto financiero catastrófico. Los seguros de daños te permiten reducir tu exposición al riesgo transfiriendo parte o la totalidad de ese riesgo a la compañía de seguros. Esto puede ayudarte a mantener tu patrimonio intacto.

Tranquilidad y seguridad financiera: Saber que cuentas con seguros de daños te brinda tranquilidad y seguridad financiera. No tendrás que preocuparte constantemente por los riesgos potenciales que enfrentas, ya que sabes que cuentas con una red de seguridad. Esto te permite concentrarte en tus objetivos financieros y patrimoniales sin la constante preocupación por eventos imprevistos.

Protección del patrimonio empresarial: Si eres dueño de un negocio, los seguros de daños también son esenciales. Un seguro comercial adecuado puede proteger tu empresa contra daños físicos, responsabilidad civil y otros riesgos. Esto es crítico para preservar el valor de tu empresa y su capacidad para generar ingresos a largo plazo.

Acceso a recursos y ayuda profesional: Las compañías de seguros de daños suelen ofrecer asistencia y recursos adicionales en caso de siniestros. Esto puede incluir servicios de reparación, ajustadores de seguros, servicios de emergencia y más. Tener acceso a estos recursos puede acelerar la recuperación después de un evento desafortunado.

Los seguros de daños son una parte fundamental de la gestión de riesgos y la protección patrimonial. Ayudan a proteger tus activos y bienes contra pérdidas financieras y a garantizar que no pierdas lo que tanto te ha costado construir. Al invertir en seguros de daños adecuados y gestionarlos de manera efectiva, puedes proteger tu patrimonio y disfrutar de una mayor seguridad financiera.

PRINCIPALES COMPAÑIAS ASEGURADORAS ESPECIALIZADAS EN DAÑOS EN MÉXICO

Estas son las más importantes compañías aseguradoras especializadas en daños de México:

Quálitas Compañía de Seguros: Se especializa en seguros de automóviles y ha sido una de las principales opciones para la cobertura de automóviles en México.

GNP: GNP ofrece una amplia gama de seguros de daños, incluidos seguros de automóviles, seguros de hogar, seguros de salud y seguros para empresas.

AXA Seguros: AXA es conocida por su enfoque en seguros de automóviles y seguros de hogar. También ofrecen una variedad de seguros empresariales.

Seguros Inbursa: Ofrece una variedad de seguros de daños, incluyendo seguros de automóviles, seguros de hogar y seguros de empresas.

Zurich México: Se enfoca en seguros de negocios y ofrece soluciones de seguros comerciales y corporativos.

Mapfre México: Se especializa en seguros de automóviles, seguros de hogar y seguros de empresas, así como seguros de salud.

Seguros Atlas: Conocida por ofrecer seguros de automóviles y seguros de hogar.

HDI Seguros: HDI se enfoca en seguros de empresas y seguros industriales.

Es importante considerar que las compañías de seguros pueden ofrecer múltiples tipos de seguros y que sus ofertas pueden cambiar con el tiempo. Para tomar decisiones informadas, te sugiero ponerse en contacto directamente con las aseguradoras o utilizar comparadores de seguros en línea para obtener información actualizada y personalizada sobre sus ofertas y especialidades. Además, un asesor financiero o un agente de seguros puede brindarte orientación específica en función de tus necesidades y circunstancias particulares.

LOS SEGUROS DE RIESGOS PERSONALES

Los seguros de riesgos personales, también conocidos como seguros de personas o seguros personales, son pólizas de seguros diseñadas para brindar protección a nivel individual o familiar. Estos seguros están diseñados para cubrir las necesidades financieras y de bienestar de una persona o su familia en situaciones específicas de riesgo. Aquí hay una explicación más detallada de lo que son los seguros de riesgos personales:

Seguros de vida: Estos seguros proporcionan un beneficio financiero a los beneficiarios designados en caso de fallecimiento del asegurado. Esto asegura que la familia o los beneficiarios tengan apoyo económico en un momento difícil.

Seguros de gastos médicos mayores y seguros de salud: Los seguros de salud cubren los gastos médicos, hospitalarios y otros relacionados con la salud del asegurado y, en algunos casos, de su familia. Pueden incluir cobertura para consultas médicas, hospitalización, cirugías, medicamentos y más. Estos seguros ayudan a cubrir los costos de atención médica, brindando tranquilidad y acceso a la atención necesaria sin preocupaciones financieras abrumadoras.

Seguros de enfermedades graves: Estos seguros proporcionan un pago global en caso de diagnóstico de una enfermedad grave específica, como cáncer, accidente cerebrovascular o enfermedades cardíacas. El pago puede utilizarse para cubrir gastos médicos, pérdida de ingresos y otros costos relacionados.

Seguros de incapacidad o salario: Estos seguros reemplazan parte del salario del asegurado si se vuelve incapaz de trabajar debido a una enfermedad o lesión. Ayudan a mantener un flujo de ingresos en situaciones en las que el asegurado no puede trabajar.

Seguros de accidentes personales: Cubren los gastos relacionados con accidentes personales, como lesiones, hospitalización y pérdida de extremidades. Son especialmente útiles para personas que tienen trabajos y/o que realizan actividades de alto riesgo.

Seguros de gastos funerarios: Estos seguros están diseñados para cubrir los costos asociados con funerales y entierros. Alivian la carga financiera para la familia en momentos de duelo.

Seguros de ahorro o inversión: Algunos seguros de riesgos personales también tienen una función de inversión o ahorro. Estos seguros permiten acumular valor en efectivo con el tiempo y proporcionan un beneficio en vida al asegurado o a sus beneficiarios.

La importancia de los seguros de riesgos personales radica en proporcionar protección financiera y bienestar para las personas y sus familias en situaciones de riesgo. Estos seguros ayudan a mitigar las consecuencias económicas de eventos imprevistos, como enfermedades graves, accidentes, invalidez o fallecimiento. Elegir los seguros de riesgos personales adecuados depende de las necesidades individuales y familiares, así como de los riesgos específicos a los que uno se enfrenta. Por lo tanto, es aconsejable considerar cuidadosamente las opciones disponibles y obtener asesoramiento de un profesional para tomar decisiones informadas.

LOS SEGUROS DE VIDA: PILARES DE LA PLANEACIÓN Y BLINDAJE PATRIMONIAL

Los seguros de vida se destacan como una de las herramientas más poderosas y efectivas para la conservación, protección, consolidación y blindaje del patrimonio. Aunque a menudo subestimados, los seguros de vida poseen un potencial considerable para brindar estabilidad financiera, seguridad a largo plazo y beneficios fiscales. Te presentamos a continuación el papel fundamental de los seguros de vida en la construcción de patrimonio, revelando cómo incluso los más ricos reconocen su valor y aprovechan sus ventajas.

Los seguros de vida y los seguros de ahorro o inversión sirven para:

Proteger financieramente: Los seguros de vida no solo se tratan de proporcionar un beneficio monetario en caso de fallecimiento; también ofrecen una protección financiera crucial para los seres queridos. Esta protección puede asegurar que las deudas, los gastos y los compromisos financieros no recaigan sobre los beneficiarios en momentos difíciles.

Crecer el patrimonio: Estos productos también tienen el potencial de ser una herramienta de crecimiento financiero. A través de los seguros dotales y de ahorro, los titulares pueden acumular valor en sus pólizas con el tiempo. Estos seguros actúan como vehículos de inversión, permitiendo a los asegurados aprovechar el poder del interés compuesto.

Acceder a beneficios fiscales: Los seguros de vida pueden proporcionar beneficios fiscales significativos en muchos países. A menudo, las ganancias de la inversión en seguros de vida están exentas de impuestos hasta ciertos límites, lo que ofrece a los titulares una ventaja fiscal estratégica.

Respaldar a las empresas: Estos instrumentos financieros son una herramienta invaluable para las empresas, ya que pueden garantizar la continuidad de las operaciones y brindar protección en caso de la muerte de un socio clave o propietario. Esto asegura que el negocio pueda sobrevivir y prosperar en momentos difíciles.

Los más ricos entienden el valor intrínseco de los seguros de vida y lo utilizan para maximizar su protección financiera y legado. Muchos individuos de alto patrimonio contratan sumas aseguradas considerablemente altas para asegurarse de que sus herederos y legados estén bien cuidados. Estas pólizas a menudo forman parte de una estrategia integral de planificación patrimonial.

Te invitamos a ver este video:

EL LEGADO DE BEN FELDMAN: VENDIENDO DÓLARES A CENTAVOS

Ben Feldman, ampliamente considerado como el mejor vendedor de seguros de vida en la historia, entendió la verdadera magnitud del valor de los seguros de vida. Su famosa declaración de "vender dólares a centavos" captura la esencia de cómo los seguros de vida pueden brindar un rendimiento y una protección excepcionales a lo largo del tiempo. Feldman comprendió que, al invertir en primas relativamente pequeñas, los titulares podían garantizar beneficios financieros significativos para ellos mismos y sus familias.

Cómo aprovechar al máximo los seguros de vida:

Identifica tus necesidades: Evalúa tus objetivos financieros, responsabilidades y deseos a largo plazo. Esto te ayudará a determinar el tipo de seguro de vida más adecuado para tus circunstancias.

Trabaja con profesionales: Colabora con asesores financieros y expertos en seguros para crear una estrategia que se adapte a tus necesidades y metas. El asesoramiento profesional es esencial para garantizar que tomes decisiones informadas.

Planificación patrimonial: Considera cómo los seguros de vida pueden ser una parte integral de tu planificación patrimonial. Pueden ayudar a garantizar que tus seres queridos estén protegidos y que tu legado continúe.

Investiga las opciones: Explora diferentes tipos de seguros de vida, como seguros dotales, seguros de ahorro y seguros a plazo. Comprende cómo funcionan y qué beneficios ofrecen en términos de protección y crecimiento.

Evalúa regularmente: A medida que tus circunstancias cambien, evalúa regularmente si tus seguros de vida siguen siendo apropiados. Puede ser necesario ajustar tus pólizas a medida que avanzas en tu camino financiero.

Los seguros de vida, a menudo pasados por alto o subestimados, son en realidad herramientas financieras poderosas y versátiles. Ofrecen protección financiera, crecimiento del patrimonio y beneficios fiscales, lo que los convierte en un componente esencial de la planificación financiera integral. A través de estrategias inteligentes y decisiones informadas, las personas pueden aprovechar al máximo los seguros de vida, siguiendo el ejemplo de los más ricos y construyendo un camino hacia la estabilidad financiera y el legado duradero.

IVd. LOS FIDEICOMISOS DE INVERSIÓN

En la búsqueda constante de construir un futuro financiero seguro y próspero, los Fideicomisos de Inversión emergen como una herramienta poderosa y versátil. Estos vehículos de inversión ofrecen una gama de beneficios que van desde el crecimiento de los ahorros hasta ventajas fiscales. Veremos los beneficios de los Fideicomisos de Inversión, destacando cómo pueden contribuir de manera significativa a la planificación para el retiro y al logro de tus metas financieras a largo plazo.

Los Fideicomisos de Inversión tienen las siguientes características:

Diversificación de activos: Los Fideicomisos de Inversión permiten a los inversionistas acceder a una variedad de activos financieros, como acciones, bonos, bienes raíces y más. Esta diversificación reduce el riesgo asociado con la inversión en activos individuales y mejora la estabilidad de la cartera.

Gestión profesional: Los Fideicomisos de Inversión son administrados por profesionales financieros con experiencia en la selección y gestión de activos. Esto asegura que tu inversión se beneficie de estrategias de inversión sólidas y decisiones informadas.

Acceso a mercados específicos: Algunos Fideicomisos de Inversión están diseñados para proporcionar acceso a mercados específicos, como mercados internacionales o sectores en crecimiento. Esto permite a los inversionistas aprovechar oportunidades que podrían ser difíciles de alcanzar por sí mismos.

Beneficios clave de los Fideicomisos de Inversión:

Crecimiento del patrimonio: Uno de los beneficios más destacados de los Fideicomisos de Inversión es el potencial de crecimiento del patrimonio a lo largo del tiempo. A medida que los activos subyacentes aumentan de valor, tu inversión también puede aumentar, lo que contribuye al logro de tus objetivos financieros.

Diversificación y reducción de riesgos: La diversificación inherente a los Fideicomisos de Inversión reduce la exposición a riesgos individuales. En lugar de depender de un solo activo, estás invirtiendo en una canasta diversificada, lo que ayuda a proteger tu inversión contra la volatilidad del mercado.

Gestión profesional y experiencia: Al invertir en Fideicomisos de Inversión, estás aprovechando la experiencia y el conocimiento de profesionales financieros que trabajan constantemente para tomar decisiones informadas sobre la cartera. Esta gestión activa puede ayudar a optimizar los rendimientos y minimizar los riesgos.

Acceso a oportunidades exclusivas: Algunos Fideicomisos de Inversión ofrecen acceso a oportunidades que podrían estar fuera del alcance de los inversionistas individuales. Esto podría incluir inversiones en sectores emergentes, startups prometedores o incluso inversiones internacionales.

Beneficios fiscales y planificación para el retiro: Algunos Fideicomisos de Inversión, como los que funcionan como planes personales de retiro (PPR), ofrecen beneficios fiscales significativos. Estas inversiones pueden ayudar a reducir la carga tributaria y proporcionar una estrategia sólida para la planificación para el retiro. Estos son los beneficios de los Planes Personales de Retiro (PPR):

Ventajas fiscales: Los PPR ofrecen beneficios fiscales a los inversionistas, ya que las contribuciones a estas cuentas suelen ser deducibles de impuestos. Esto reduce la carga tributaria actual y permite que los ahorros crezcan sin la erosión de impuestos.

Posponer impuestos: En muchos casos, los impuestos sobre las ganancias de capital y los intereses acumulados en los PPR se posponen hasta el momento del retiro. Esto permite que tus inversiones crezcan de manera más eficiente a lo largo del tiempo.

Retiro con ventajas fiscales: Al jubilarse y comenzar a retirar fondos de un PPR, es posible que estés en un tramo impositivo más bajo, lo que podría resultar en una carga tributaria más baja en comparación con los ingresos obtenidos durante la vida laboral.

Cómo Aprovechar los Beneficios de los Fideicomisos de Inversión:

Definir objetivos financieros: Antes de invertir en Fideicomisos de Inversión, define tus objetivos financieros a corto y largo plazo. Esto te ayudará a elegir los vehículos de inversión que mejor se adapten a tus necesidades.

Investigación y diversificación: Investiga diferentes Fideicomisos de Inversión disponibles y diversifica tus inversiones en función de tus objetivos. Considera la variedad de activos y sectores en los que puedes invertir.

Consulta con profesionales: Trabaja con asesores financieros y expertos en inversiones para crear una estrategia que maximice los beneficios de los Fideicomisos de Inversión y se alinee con tus metas.

Planificación para el retiro: Si estás considerando Fideicomisos de Inversión como parte de tu planificación para el retiro, consulta con asesores fiscales para comprender plenamente los beneficios fiscales y las implicaciones.

Los Fideicomisos de Inversión ofrecen un camino hacia el crecimiento financiero, la diversificación de activos y, en muchos casos, ventajas fiscales. Como herramientas versátiles, son especialmente atractivos para la planificación para el retiro y la acumulación de riqueza a largo plazo. Al aprovechar los beneficios de los Fideicomisos de Inversión y tomar decisiones informadas, puedes construir un futuro financiero sólido y seguro, respaldado por la gestión profesional y la diversificación estratégica de activos.

ALGUNOS EJEMPLOS DE FIDEICOMISOS DE INVERSIÓN

Los Fideicomisos de Inversión son vehículos comunes para la inversión en México. Aquí tienes cinco ejemplos de Fideicomisos de Inversión disponibles en el mercado mexicano:

FIBRAs (Fideicomisos de Inversión en Bienes Raíces): Estos fideicomisos están diseñados para invertir en bienes raíces, como centros comerciales, edificios de oficinas, hoteles y otros activos inmobiliarios. Los inversionistas adquieren participaciones en la FIBRA y reciben ingresos de alquiler y/o ganancias de capital.

FIBRAs Energeticas: Son una variante de las FIBRAs que se especializan en infraestructura energética, como gasoductos, oleoductos y plantas de energía. Estos fideicomisos a menudo generan ingresos a través de contratos a largo plazo con empresas de energía.

FICAPs (Fideicomisos de Inversión en Capital Privado): Estos fideicomisos se enfocan en invertir en empresas que no cotizan en bolsa, como startups o compañías más pequeñas. Los inversionistas tienen la oportunidad de participar en el crecimiento y desarrollo de estas empresas y, a menudo, se espera que mantengan sus inversiones a mediano y largo plazo.

CKDs (Certificados de Capital de Desarrollo): Los CKDs se utilizan para financiar proyectos de desarrollo en sectores como infraestructura, bienes raíces, energía y más. Los inversionistas adquieren certificados que representan participación en el capital de un fideicomiso, y estos recursos se destinan a proyectos específicos.

CERPIs (Certificados de Proyectos de Inversión): Estos fideicomisos se enfocan en inversiones en proyectos específicos, como desarrollos inmobiliarios, energía renovable o infraestructura. Los inversionistas adquieren participaciones en el CERPI, y las ganancias se derivan del éxito del proyecto subyacente.

Es importante recordar que los Fideicomisos de Inversión pueden variar en términos de riesgo y rendimiento, y es fundamental realizar una debida diligencia y considerar tus objetivos financieros antes de invertir en alguno de ellos. Consultar con un asesor financiero o experto en inversiones es una buena práctica para tomar decisiones informadas.

IVe. EL TESTAMENTO

El testamento, a lo largo de la historia, ha sido una herramienta esencial para garantizar que nuestros deseos y decisiones sobre nuestro patrimonio sean respetados después de nuestro fallecimiento. Sin embargo, en la era digital, la forma de elaborar testamentos ha experimentado una notable transformación gracias a las nuevas tecnologías. Estas innovaciones han brindado oportunidades para hacer el proceso más eficiente y accesible, al tiempo que se mantienen los principios fundamentales de heredar equitativamente y con sabiduría.

La digitalización ha revolucionado la manera en que redactamos y almacenamos nuestros testamentos. Anteriormente, los testamentos en papel eran la norma, lo que a menudo implicaba una planificación más compleja y la necesidad de asesoramiento legal. Sin embargo, en la era digital, la creación de testamentos en línea ha ganado popularidad. Plataformas y servicios en línea permiten a las personas redactar y almacenar sus testamentos de manera más conveniente, brindando acceso a herramientas y recursos que facilitan el proceso.

Además, la tecnología blockchain ha aportado seguridad y autenticidad a los testamentos digitales. Al utilizar registros inmutables y verificables, se reduce la posibilidad de disputas y manipulación, asegurando que las voluntades del fallecido sean respetadas.

HEREDANDO EQUITATIVAMENTE Y CON SABIDURÍA

La equidad y la sabiduría son fundamentales al planificar la distribución de nuestro patrimonio en un testamento. Aquí hay algunos consejos para heredar de manera justa y sabia:

Comunicación clara: Antes de redactar el testamento, considera la importancia de mantener una comunicación abierta con tus seres queridos. Discutir tus deseos y las razones detrás de ciertas decisiones puede ayudar a evitar malentendidos y conflictos futuros.

Equidad personalizada: No todos los herederos tienen las mismas necesidades ni circunstancias financieras. Evalúa individualmente las situaciones de tus herederos y busca maneras de proporcionar equidad personalizada, teniendo en cuenta sus responsabilidades y aspiraciones.

Propiedades y activos únicos: Si posees propiedades o activos únicos, considera cómo deseas que sean tratados en tu testamento. Puedes designar a alguien para administrarlos o establecer pautas específicas para su uso futuro.

Asesoramiento profesional: Aunque las tecnologías digitales pueden simplificar el proceso, es recomendable buscar asesoramiento legal y financiero al elaborar un testamento. Un profesional puede ayudarte a considerar todos los aspectos legales y fiscales, así como a evitar posibles problemas futuros.

Actualización continua: A medida que cambian tus circunstancias y relaciones, es importante revisar y actualizar tu testamento periódicamente. Esto asegura que tus deseos sean coherentes con tu situación actual y te permite incorporar nuevos activos o cambios en tu familia.

Inclusión de activos digitales: En la era digital, también es crucial considerar tus activos en línea, como cuentas de redes sociales, correos electrónicos y cuentas bancarias en línea. Decide si deseas que se borren, se compartan o se administren después de tu fallecimiento.

La tecnología está transformando cómo abordamos la planificación de nuestros legados. La creación de testamentos digitales y la consideración cuidadosa de la equidad y la sabiduría aseguran que nuestro patrimonio sea gestionado de manera justa y coherente con nuestros valores y deseos, proporcionando un legado duradero para las generaciones futuras.

CUÁNTO CUESTA ELABORAR UN TESTAMENTO

La elaboración de un testamento en México puede variar en costo dependiendo de varios factores, como la ubicación geográfica, el número de activos o propiedades, la complejidad del patrimonio y si se requieren servicios adicionales, como asesoría fiscal. A continuación, te mostramos una tabla aproximada de los costos que podrían estar involucrados en la elaboración de un testamento en México, considerando diferentes escenarios:

Número de Activos o Propiedades	Costo Estimado del Testamento
1 - 2 activos	$5,000 - $10,000 MXN
3 - 5 activos	$10,000 - $20,000 MXN
6 - 10 activos	$20,000 - $30,000 MXN
11 o más activos	Puede variar significativamente según la complejidad y la cantidad de activos involucrados. Se pueden superar los $30,000 MXN o más.

Es importante destacar que estos son solo costos estimados y pueden variar en función de factores como la ubicación geográfica, la experiencia del abogado, las tarifas adicionales y otros servicios relacionados. Además, el costo de un testamento puede aumentar si se requieren servicios de valor agregado, como asesoría fiscal para optimizar la transmisión de bienes y reducir las obligaciones fiscales.

Es fundamental consultar a un abogado o notario público para obtener una cotización precisa y personalizada, ya que la elaboración de un testamento es un proceso legal que debe llevarse a cabo de manera adecuada y cumpliendo con todos los requisitos legales vigentes en México.

5. LA PLANEACIÓN DEL RETIRO

"El mejor momento para plantar un árbol fue hace 20 años. El segundo mejor momento es ahora."

Proverbio chino

El problema del retiro es una cuestión cada vez más apremiante en todo el mundo debido a varios factores, incluyendo el aumento de la esperanza de vida y la falta de educación financiera. Aquí hay algunas razones por las cuales el problema del retiro es una preocupación global y algunos enfoques para abordarlo:

1. **Aumento de la esperanza de vida**: El hecho de que las personas vivan más tiempo es una bendición, pero también plantea un desafío financiero. A medida que la esperanza de vida aumenta, necesitamos financiar un retiro más largo. Esto requiere una planificación financiera más cuidadosa.

2. **Cambios en la demografía**: En muchas partes del mundo, la población está envejeciendo y la proporción de personas mayores está aumentando. Esto ejerce presión sobre los sistemas de seguridad social y pensiones, lo que lleva a preguntas sobre su sostenibilidad a largo plazo.

3. **Falta de educación financiera**: La educación financiera es esencial para que las personas tomen deci-

siones informadas sobre el ahorro e inversión para la jubilación. La falta de conocimiento financiero a menudo conduce a la falta de preparación.

4. **Cambios en el empleo**: El mundo laboral está experimentando cambios significativos con la proliferación del trabajo freelance, la economía gig y la automatización. Estos cambios pueden hacer que la planificación para el retiro sea más compleja.

5. **Desigualdad de ingresos**: La desigualdad de ingresos es un problema importante en muchas partes del mundo. Aquellos con ingresos más bajos a menudo enfrentan desafíos adicionales para ahorrar y prepararse para la jubilación.

6. **Evolución de los sistemas de pensiones**: En algunos lugares, los sistemas de pensiones tradicionales están evolucionando o enfrentando problemas de financiación. Esto puede requerir que las personas asuman una mayor responsabilidad en la planificación de su retiro.

Para abordar esta problemática global del retiro, es fundamental tomar medidas tanto a nivel individual como a nivel gubernamental y empresarial:

1. **Educación financiera**: Se deben implementar programas de educación financiera desde una edad temprana para que las personas entiendan la importancia del ahorro y la inversión para la jubilación.

2. **Ahorro automatizado**: Los empleadores y gobiernos pueden fomentar el ahorro automático a través de planes de jubilación patrocinados por la empresa y sistemas de seguridad social sólidos.

3. **Diversificación de inversiones**: La diversificación de activos es clave para la gestión de riesgos en la inver-

sión para la jubilación. Las personas deben considerar invertir en una variedad de clases de activos.

4. **Retrasar la jubilación**: Para muchas personas, retrasar la jubilación puede ser una estrategia efectiva para mejorar la seguridad financiera a largo plazo.

5. **Asesoramiento financiero**: Trabajar con asesores financieros puede ser beneficioso para elaborar un plan de retiro sólido y adaptado a las necesidades individuales.

6. **Participación gubernamental**: Los gobiernos deben desempeñar un papel activo en el apoyo a sistemas de seguridad social sostenibles y en la implementación de políticas que fomenten el ahorro para el retiro.

7. **Inversión en salud y bienestar**: Mantener una buena salud física y mental es esencial para disfrutar de una jubilación de calidad y reducir los costos de atención médica.

8. **Agradecimiento y satisfacción**: La gratitud y la satisfacción con la vida son fundamentales para la felicidad en la jubilación. Esto no tiene un impacto financiero directo, pero es esencial para el bienestar general.

En última instancia, el problema del retiro es complejo y multifacético, pero abordarlo con planificación, educación y colaboración puede ayudar a garantizar un retiro cómodo y seguro para las generaciones futuras.

LAS MEJORES PRÁCTICAS INTERNACIONALES

La siguiente tabla relaciona las mejores prácticas internacionales para abordar el problema del retiro, junto con el grado de éxito en algunos países:

País	Mejor Práctica	Grado de Éxito
Australia	Sistema de Superannuation (obligatorio)	Alto
Dinamarca	Sistema de Pensiones de Capitalización Individual	Alto
Países Bajos	Pensiones Colectivas	Alto
Singapur	Sistema Central de Provident Fund (CPF)	Alto
Nueva Zelanda	Planes de Ahorro para la Jubilación (KiwiSaver)	Moderado
Canadá	Cuentas de Ahorro para la Jubilación (RRSP, TFSA)	Moderado
Suecia	Sistema de Pensiones de Beneficio Definido	Moderado
Chile	Sistema de Pensiones Privado	Moderado
Japón	Cuentas Individuales de Pensiones (Nenkin)	Moderado
Estados Unidos	401(k) y Planes IRA	Moderado
Alemania	Sistema de Pensiones de Capitalización Individual	Bajo

La efectividad de estas prácticas puede variar dependiendo de la cultura, la economía y la legislación de cada país. Además, el grado de éxito puede estar sujeto a cambios con el tiempo y a ajustes en los sistemas de jubilación a medida que se adaptan a las necesidades cambiantes de la población y las condiciones económicas.

Va. EL RETIRO, LA JUBILACIÓN Y LAS PENSIONES

A menudo se utilizan los términos "retiro" y "jubilación" de manera intercambiable, pero en realidad tienen diferencias sutiles pero significativas en su significado y connotación. Además, la noción de una "pensión" también está estrechamente relacionada con estos conceptos y desempeña un papel crucial en la planificación financiera para el futuro.

El retiro se refiere a la etapa en la vida en la que una persona decide dejar de trabajar de manera activa y pasar a una fase de vida en la que busca disfrutar de más tiempo libre y un ritmo de vida más tranquilo. El retiro puede ocurrir a diferentes edades y puede estar relacionado con diversas razones, como la edad, la salud, la satisfacción laboral y la planificación financiera.

La jubilación, por otro lado, es una forma específica de retiro en la que una persona opta por dejar su carrera laboral y cesa su actividad laboral remunerada después de haber alcanzado ciertos requisitos, como la edad o el tiempo de servicio, según las normativas y políticas de su país o empleador.

Una pensión es un componente clave de la planificación financiera para el retiro y la jubilación. Es un ingreso regular que una persona recibe después de haber dejado de trabajar, generalmente proporcionado por una fuente externa, como un empleador, un fondo de pensiones o el gobierno. Las pensiones son fundamentales para proporcionar seguridad económica durante la jubilación y ayudar a mantener un nivel de vida adecuado.

Existen diferentes tipos de pensiones, como las pensiones de jubilación proporcionadas por el empleador, las pensiones estatales o gubernamentales y las pensiones privadas que uno puede establecer mediante inversiones y ahorros a lo largo de su vida laboral. Las pensiones a menudo se basan en factores como el tiempo de servicio, las contribuciones realizadas y el salario promedio.

En resumen, mientras que el retiro se refiere a la etapa de vida en la que una persona elige dejar de trabajar activamente, la jubilación es un tipo específico de retiro que implica dejar una carrera laboral después de cumplir ciertos requisitos. Las pensiones, por su parte, desempeñan un papel esencial al proporcionar ingresos regulares durante la jubilación, asegurando una calidad de vida sostenible y cómoda. Planificar con anticipación y entender estos conceptos es fundamental para asegurar un retiro y una jubilación financieramente seguros y exitosos.

EL PLAN DE RETIRO DE LEBRON JAMES

LeBron James es uno de los jugadores de baloncesto más influyentes y exitosos de la NBA. Durante su carrera, ha acumulado una gran riqueza no solo a través de su salario como jugador, sino también gracias a acuerdos de patrocinio y sus inversiones inteligentes.

Cómo construyó un plan de retiro sólido:

Inversiones inteligentes: LeBron ha sido conocido por sus inversiones fuera de la cancha. Ha respaldado y adquirido participaciones en empresas como Blaze Pizza, Beats by Dre y Liverpool FC. Estas inversiones estratégicas le han permitido diversificar su cartera y construir riqueza adicional.

Educación financiera: LeBron entiende la importancia de la educación financiera. Ha hablado públicamente sobre cómo aprendió a manejar su dinero y ha compartido su conocimiento con otros atletas más jóvenes. Esto lo ha ayudado a tomar decisiones financieras sólidas.

Planificación a largo plazo: LeBron ha reconocido la importancia de la planificación a largo plazo. Ha construido una fundación para apoyar a jóvenes y ha lanzado programas como "I PROMISE School" en su ciudad natal, Akron. Estas iniciativas reflejan su compromiso con un legado y un impacto duraderos.

Contratos y patrocinios: LeBron ha sido selectivo con sus contratos y acuerdos de patrocinio. Ha firmado contratos lucrativos en la NBA y ha asegurado acuerdos de patrocinio con empresas de renombre. Esto le ha proporcionado una fuente constante de ingresos.

Gracias a sus inversiones inteligentes, educación financiera, planificación a largo plazo y acuerdos estratégicos, LeBron James ha construido un plan de retiro sólido que le permitirá disfrutar de la seguridad financiera en su vida después del baloncesto. Su enfoque en el legado y en impactar positivamente en su comunidad también demuestra su compromiso con la sostenibilidad financiera y un retiro significativo.

Vb. LOS TRES ELEMENTOS DEL RETIRO

La planificación del retiro es un proceso crucial para asegurar una jubilación cómoda y segura. En este sentido, es importante considerar tres elementos esenciales: el ahorro personal, las propiedades para rentar y las pensiones. Aunque algunos puedan pensar que el crecimiento de los negocios y las empresas será suficiente para garantizar una jubilación holgada, es vital reconocer los riesgos inherentes a esta mentalidad y buscar una estrategia más sólida.

Depender únicamente del crecimiento de los negocios y empresas para financiar el retiro puede ser riesgoso debido a la volatilidad y las incertidumbres del entorno empresarial. Los negocios están expuestos a múltiples factores impredecibles, como cambios en la economía, la competencia, las regulaciones y otros factores externos. La planificación financiera debe ser diversificada y abordar diferentes fuentes de ingresos y activos para minimizar el riesgo y asegurar una jubilación estable.

LOS ELEMENTOS CLAVE PARA LA PLANIFICACIÓN DEL RETIRO

Ahorro personal: El ahorro personal consistente a lo largo de los años es una base sólida para la jubilación. Crear hábitos financieros saludables y destinar una parte de los ingresos a inversiones y cuentas de ahorro permitirá acumular un fondo de retiro. La inversión en diferentes instrumentos financieros, como fondos de inversión y planes de retiro, puede ofrecer rendimientos compuestos a largo plazo.

Propiedades para rentar: La inversión en propiedades inmobiliarias que se puedan rentar puede proporcionar una fuente adicional de ingresos pasivos durante la jubilación. Los bienes raíces tienden a ser menos volátiles que los mercados financieros y pueden brindar una renta constante. Sin embargo, es importante evaluar el mercado y el potencial de rentabilidad antes de invertir en propiedades.

Pensiones: Las pensiones, ya sean proporcionadas por empleadores, sistemas de seguridad social o planes personales de retiro, son una forma estable de ingresos durante la jubilación. Contribuir de manera constante a los sistemas de pensiones y comprender cómo funcionan es esencial para recibir beneficios adecuados en el futuro.

LA LECCIÓN DEL HOTEL EDGEWATER BEACH DE CHICAGO: APRENDIENDO DE LA HISTORIA

En su libro "Usted Nació Rico", Bob Proctor comparte una anécdota impactante que ofrece una valiosa lección sobre la importancia de la planificación financiera y la diversificación de activos. La historia se remonta a 1923 en el Hotel Edgewater Beach de Chicago, donde se celebró una reunión histórica de los nueve hombres más ricos del mundo en ese momento.

En esa reunión se encontraban titanes de la industria, líderes empresariales y magnates financieros. La lista incluía nombres notables como Charles Schwab, presidente de U.S. Steel, Samuel Insull, presidente de la compañía eléctrica de Chicago, Howard Hopson, presidente de la mayor cadena de hoteles en ese entonces, y otros destacados empresarios. La riqueza acumulada por estos hombres era asombrosa y parecía que estaban en la cima del éxito financiero.

Sin embargo, lo que hace que esta anécdota sea verdaderamente poderosa es lo que ocurrió en las décadas siguientes. Con el paso del tiempo, la mayoría de estos hombres experimentaron dificultades financieras significativas. Algunos enfrentaron bancarrotas, otros perdieron sus fortunas y varios murieron en la pobreza. Esta historia desconcertante desafía la creencia común de que el éxito económico a corto plazo garantiza una jubilación próspera y segura.

La lección fundamental extraída de la historia del Hotel Edgewater Beach es que la riqueza momentánea y el éxito empresarial no garantizan un futuro financiero sólido. La falta de una planificación financiera adecuada, la ausencia de diversificación de activos y la falta de comprensión de los principios financieros clave pueden llevar incluso a los individuos más ricos a la adversidad económica.

Este relato resalta la importancia de la educación financiera, la planificación para el retiro y la diversificación de fuentes de ingresos y activos. La riqueza no es estática ni asegurada; requiere atención constante, conocimiento y una estrategia financiera integral. La historia del Hotel Edgewater Beach nos recuerda que la planificación a largo plazo, la inversión inteligente y la gestión prudente de los recursos son fundamentales para garantizar una jubilación segura y holgada.

La anécdota del Hotel Edgewater Beach de Chicago de 1923 es un recordatorio poderoso de que la riqueza no es garantía de seguridad financiera a largo plazo. Aprender de la historia y aplicar principios financieros sólidos es esencial para construir un patrimonio que perdure y asegurar un retiro próspero.

La planificación del retiro requiere una estrategia cuidadosa y diversificada que considere elementos como el ahorro personal, las propiedades para rentar y las pensiones. Dependiendo únicamente del crecimiento de los negocios puede ser riesgoso y sujeto a factores externos incontrolables. Aprender de la historia y adoptar un enfoque holístico garantiza una jubilación más segura y cómoda.

Vc. LOS BENEFICIOS FISCALES DE LOS PLANES PERSONALES DEL RETIRO

En el mundo financiero actual, donde la planificación del retiro se ha vuelto más crítica que nunca, los Planes Personales para el Retiro (PPR) se han destacado como una herramienta poderosa que ofrece múltiples beneficios para quienes buscan construir un futuro financiero sólido y estratégico. Estos planes, ofrecidos por diversas instituciones financieras en México, van más allá de simplemente ahorrar y permiten a las personas tomar el control de su retiro con una perspectiva integral.

Uno de los mayores desafíos que enfrentan las personas al planificar su retiro es desarrollar el hábito de ahorro e inversión constante. Los PPR brindan una solución efectiva al incentivar a las personas a destinar una parte de sus ingresos de manera sistemática hacia su plan de retiro. Al establecer contribuciones regulares, los individuos adquieren el hábito de destinar recursos financieros hacia su futuro, asegurando que su jubilación no sea una preocupación.

Los PPR van más allá del simple ahorro, al ofrecer oportunidades de inversión que permiten a las personas multiplicar su patrimonio con el tiempo. Estos planes canalizan los recursos hacia instrumentos financieros diversificados, como fondos de inversión, que tienen el potencial de generar rendimientos atractivos a lo largo del tiempo. Además, la inclusión de seguros de vida dentro de los PPR proporciona una capa adicional de protección para el patrimonio, asegurando que, en caso de fallecimiento, los seres queridos estén protegidos y bien cuidados.

BENEFICIOS FISCALES Y PLANIFICACIÓN INTELIGENTE

Uno de los atractivos distintivos de los PPR es su ventaja fiscal. De acuerdo con el artículo 151 de la Ley del Impuesto sobre la Renta en México, las aportaciones a los PPR son deducibles de impuestos hasta cierto límite. Esta deducción permite a las personas reducir su carga tributaria y al mismo tiempo destinar fondos hacia su retiro. Además, el artículo 185 de la misma ley establece que los rendimientos generados por los PPR están exentos de impuestos, lo que significa que los beneficios de inversión crecen de manera libre de impuestos.

Los Planes Personales para el Retiro no son simplemente un producto financiero, sino una estrategia integral para asegurar un futuro financiero seguro y próspero. Estos planes abordan la necesidad de desarrollar hábitos de ahorro e inversión, así como de proteger y multiplicar el patrimonio. Además, los beneficios fiscales proporcionan incentivos adicionales para aquellos que buscan maximizar sus ahorros y rendimientos de manera inteligente. Al considerar los PPR como una herramienta esencial en la planificación del retiro, las personas pueden tomar el control de su futuro financiero y alcanzar la tranquilidad y seguridad que merecen en sus años dorados.

EL COMPROMISO DE GRUPO MODELO
CON EL RETIRO DE SUS COLABORADORES

Un ejemplo de una empresa que gestiona adecuadamente los planes de retiro de sus colaboradores es Grupo Modelo, una de las principales cervecerías de México y parte de Anheuser-Busch InBev, una de las compañías de cerveza más grandes del mundo. Grupo Modelo es conocido por su sólido compromiso con el bienestar de sus colaboradores, lo que incluye una gestión eficaz de los planes de retiro.

Cómo Grupo Modelo Gestiona los Planes de Retiro:

Contribuciones generosas: La empresa ofrece contribuciones generosas para los planes de retiro de sus colaboradores, lo que les permite acumular fondos significativos a lo largo de sus carreras.

Educación financiera: Grupo Modelo proporciona a sus colaboradores acceso a programas de educación financiera. Esto les ayuda a comprender mejor sus opciones de inversión y cómo planificar su retiro de manera efectiva.

Diversificación de opciones de inversión: Los colaboradores tienen acceso a una variedad de opciones de inversión para sus fondos de retiro. Esto les permite personalizar sus carteras y ajustar sus estrategias de inversión de acuerdo a sus necesidades y metas específicas de jubilación.

Flexibilidad de retiro: La empresa reconoce que las necesidades de retiro varían entre los colaboradores. Ofrecen opciones flexibles de retiro para que los colaboradores puedan elegir cuándo y cómo retirarse.

Acompañamiento: Grupo Modelo brinda asesoramiento a los colaboradores que están cerca de la jubilación. Este apoyo les permite tomar decisiones informadas sobre su retiro y garantiza una transición sin problemas.

El enfoque de Grupo Modelo en la gestión adecuada de los planes de retiro ha creado un entorno en el que sus colaboradores pueden planificar su jubilación de manera efectiva y alcanzar sus metas financieras. Esta inversión en el bienestar de los colaboradores no solo contribuye a la satisfacción y lealtad de estos, sino que también beneficia a la empresa al contar con un equipo satisfecho y preparado para una transición de retiro exitosa.

Vd. LAS INVERSIONES PARA EL RETIRO: ETFs y FONDOS INDEXADOS

A medida que la búsqueda de una jubilación digna se vuelve más desafiante, invertir estratégicamente se convierte en una prioridad. En este contexto, los ETFs (Exchange Traded Funds) y los Fondos Indexados han ganado popularidad como opciones de inversión accesibles y diversificadas. A continuación te mostramos las ventajas y desventajas de invertir en ETFs y Fondos Indexados, destacando cómo pueden contribuir a una jubilación segura y exitosa.

Primero vamos a ver que es un ETF y qué es un findo indexado.

ETFs

Un ETF (Exchange-Traded Fund) es un tipo de fondo de inversión que se negocia en bolsa, lo que significa que sus acciones se compran y venden como si fueran acciones de una empresa en un mercado de valores. Los ETFs están diseñados para rastrear el rendimiento de un índice subyacente, como el S&P 500 o el NASDAQ, y su objetivo es replicar las ganancias y pérdidas del índice al que están vinculados. Estos fondos ofrecen a los inversores una forma eficiente de diversificar su cartera y obtener exposición a un amplio rango de activos, como acciones, bonos, materias primas u otros valores, sin necesidad de comprar cada activo individualmente. Los ETFs también suelen ser conocidos por su liquidez, bajos costos y transparencia, lo que los convierte en una opción popular en los mercados financieros.

FONDOS INDEXADOS

Un fondo indexado, también conocido como fondo de índice, es un tipo de fondo de inversión diseñado para replicar el rendimiento de un índice financiero específico, como el S&P 500 o el FTSE 100. En lugar de que un gestor de fondos tome decisiones activas sobre la selección de activos, compra y vende valores con base en la investigación y el análisis, un fondo indexado sigue pasivamente la composición de un índice en particular.

El objetivo principal de un fondo indexado es reflejar de manera precisa y cercana el rendimiento del índice al que está vinculado, lo que significa que si el índice sube un 5%, el fondo indexado también debería aumentar en una cantidad similar, y viceversa. Esto lo logra comprando una selección de activos que imitan la estructura del índice, lo que proporciona a los inversores una forma sencilla y económica de obtener exposición a un amplio mercado o a un segmento específico del mismo.

Los fondos indexados son apreciados por su simplicidad, bajos costos y transparencia, y a menudo se utilizan como una estrategia de inversión a largo plazo para aquellos inversores que desean una forma eficiente de diversificar su cartera y lograr un rendimiento que esté en línea con el mercado en general.

A continuación, te proporciono una tabla que resume las diferencias clave entre los ETFs (Exchange-Traded Funds) y los fondos indexados:

Aspecto	ETFs	Fondos Indexados
Estructura	Fondos negociados en bolsa (acciones)	Fondos mutuos o de inversión que siguen un índice específico.
Liquidez	Pueden comprarse y venderse en cualquier momento durante el horario de operación del mercado.	Se compran o venden al final del día a un precio determinado (valor liquidativo).
Comisiones	Por lo general, tienen comisiones más bajas debido a la estructura de fondos cotizados en bolsa.	Las comisiones pueden ser un poco más altas que las de los ETFs, pero aún tienden a ser bajas.
Diversificación	Permiten una amplia diversificación a través de la inversión en una cesta de activos.	Ofrecen diversificación al seguir un índice subyacente, pero pueden requerir una inversión mínima más alta.
Compras parciales	Los inversores pueden comprar cualquier cantidad de acciones, incluso una sola.	Los inversores deben comprar unidades de participación completas, lo que puede requerir una inversión mínima.
Distribución de dividendos	Los dividendos y ganancias de capital se distribuyen a los accionistas.	Los ingresos se reinvierten en el fondo, lo que puede generar menos carga tributaria para los inversores.

Transparencia	Los inversores pueden ver las tenencias de cartera del ETF en tiempo real.	Por lo general, revelan sus tenencias con menos frecuencia, generalmente trimestralmente.
Flexibilidad de ordenación	Los inversores pueden utilizar órdenes de mercado, límite, stop y órdenes de venta corta.	Las opciones de ordenación son más limitadas en comparación con los ETFs.
Impuestos	Los inversores pueden estar sujetos a impuestos sobre ganancias de capital cuando venden acciones.	Pueden ser más eficientes desde el punto de vista fiscal, ya que no hay necesidad de realizar ventas para proporcionar liquidez a los inversores que deseen vender.
Operación intradiaria	Se negocian como acciones durante las horas de operación del mercado.	Se negocian una vez al día, al cierre del mercado.
Acceso a mercados internacionales	Ofrecen una amplia exposición a mercados internacionales.	Proporcionan acceso a mercados internacionales, aunque la oferta puede ser más limitada.

Ten en cuenta que, si bien esta tabla resalta las diferencias clave, tanto los ETFs como los fondos indexados tienen sus propias ventajas y desventajas, y la elección entre ellos depende de tus objetivos y preferencias individuales. Además, es importante investigar específicamente los fondos y ETFs que estás considerando, ya que las características pueden variar según el producto específico.

Tanto los ETFs como los Fondos Indexados son vehículos de inversión que buscan replicar el rendimiento de un índice subyacente, como el S&P 500. Estos vehículos permiten a los inversionistas comprar una canasta diversificada de activos con una sola inversión.

Ventajas de Invertir en ETFs y Fondos Indexados:

Diversificación instantánea: Uno de los mayores beneficios de invertir en ETFs y Fondos Indexados es la diversificación instantánea que ofrecen. Al replicar un índice, estos vehículos incluyen múltiples activos en una sola inversión, lo que reduce el riesgo asociado con la inversión en activos individuales.

Bajos costos: Los ETFs y Fondos Indexados generalmente tienen costos de administración más bajos en comparación con los fondos administrados activamente. Esto significa que los inversionistas pueden mantener más de sus rendimientos netos, lo que a lo largo del tiempo puede tener un impacto significativo en el crecimiento de su patrimonio.

Transparencia: La mayoría de los ETFs y Fondos Indexados publican sus carteras de inversión de manera regular, lo que brinda a los inversionistas una mayor transparencia en cuanto a los activos en los que están invirtiendo. Esto ayuda a los inversionistas a comprender exactamente en qué están poniendo su dinero.

Facilidad de compra y venta: Los ETFs se negocian en bolsas de valores, lo que significa que se pueden comprar y vender como acciones durante el horario regular de negociación. Esto brinda a los inversionistas la flexibilidad de ajustar sus carteras de inversión según las condiciones del mercado.

Acceso a diversos mercados: Los ETFs y Fondos Indexados pueden brindar a los inversionistas acceso a una amplia gama de mercados, sectores y regiones, lo que les permite diversificar sus carteras a nivel global.

La siguiente tabla muestra los rendimientos de distintas alternativas de inversión. Las columnas E, F, G y H se refieren a inversiones en ETFs:

Importe del capital a considerar:	A Bancos mexicanos / debajo del colchón	B CETES	C US Treasury Bills	D Bonos S&P 500 (IIA)	E Plan de ahorro inversión EVOLUTION (IIA)	F Plan de inversión (IIA)	G Inversión en Acciones compañías grandes	H Inversión en Acciones compañías pequeñas
$1,000,000								
Rendimiento USD	0.0%	0.0%	3.6%	5.5%	6.9%	8.9%	9.9%	12.1%
Ganancia cambiaria	0.0%	0.0%	5.0%	5.0%	5.0%	5.0%	5.0%	5.0%
Rendimiento MXN	5.00%	8.00%	8.78%	10.78%	12.25%	14.35%	15.40%	17.71%
Inflación USD	-3.0%	-3.0%	-3.0%	-3.0%	-3.0%	-3.0%	-3.0%	-3.0%
Rendimiento neto MXN	1.94%	4.85%	5.61%	7.55%	8.98%	11.01%	12.03%	14.28%
CRECIMIENTO DEL CAPITAL A TRAVÉS DEL TIEMPO:								
Inversión a 5 años	$1,100,932	$1,267,455	$1,313,890	$1,438,874	$1,536,912	$1,686,164	$1,765,017	$1,948,895
Inversión a 10 años	$1,212,051	$1,606,443	$1,726,308	$2,070,357	$2,362,097	$2,843,148	$3,116,284	$3,798,192
Inversión a 15 años	$1,334,385	$2,036,095	$2,268,180	$2,978,983	$3,630,335	$4,794,014	$5,498,529	$7,402,277
Inversión a 20 años	$1,469,067	$2,580,659	$2,980,140	$4,286,380	$5,579,504	$8,083,493	$9,704,995	$14,426,259
Inversión a 25 años	$1,617,342	$3,270,870	$3,915,577	$6,167,560	$8,575,205	$13,630,094	$17,129,480	$28,115,265

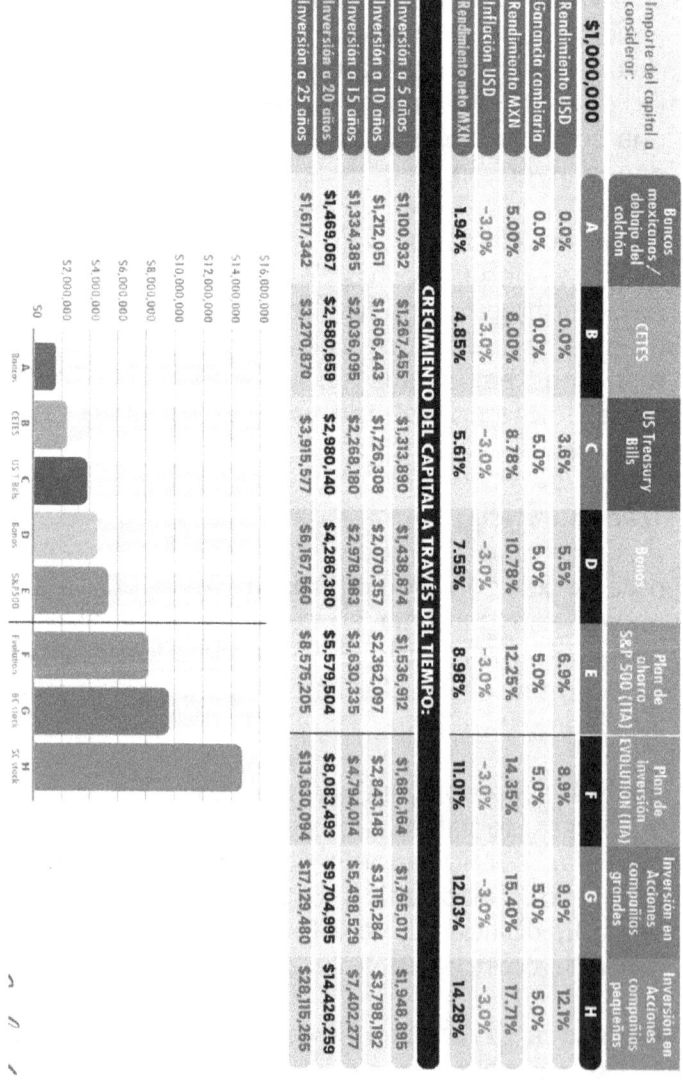

Desventajas de Invertir en ETFs y Fondos Indexados:

Falta de exposición activa: A diferencia de los fondos administrados activamente, los ETFs y Fondos Indexados siguen pasivamente el rendimiento de un índice. Esto significa que los inversionistas no se benefician de decisiones activas de gestión que podrían superar al mercado.

Limitaciones de personalización: Aunque los ETFs y Fondos Indexados ofrecen diversificación, los inversores no tienen control directo sobre los activos individuales que componen la cartera. Esto puede limitar la capacidad de personalizar la cartera según preferencias específicas.

Rendimiento atado al índice: Si el índice subyacente tiene un rendimiento negativo, los ETFs y Fondos Indexados también se verán afectados. Esto significa que los inversionistas no pueden evitar completamente los riesgos del mercado.

Comisiones de compra y venta: Aunque los costos de administración suelen ser bajos, los inversionistas deben tener en cuenta las comisiones de compra y venta al negociar ETFs en bolsas de valores. Estas comisiones pueden sumarse, especialmente para aquellos que realizan operaciones frecuentes.

Cómo Elegir entre ETFs y Fondos Indexados:

Objetivos de inversión: Determina tus objetivos de inversión y tu tolerancia al riesgo. Los ETFs y Fondos Indexados pueden ser apropiados para inversionistas a largo plazo que buscan la diversificación y la estabilidad.

Investiga el índice subyacente: Comprende el índice que replica el ETF o el Fondo Indexado. Investiga la composición del índice y su historial de rendimiento para asegurarte de que se alinee con tus objetivos.

Costos y comisiones: Compara los costos de administración y las comisiones de compra y venta de diferentes ETFs y Fondos Indexados. Los costos pueden variar y afectarán tus rendimientos netos.

Diversificación y exposición: Evalúa la diversificación y la exposición a diferentes activos que ofrecen los ETFs y Fondos Indexados. Asegúrate de que se ajusten a tu enfoque de inversión.

Invertir estratégicamente para el retiro es una prioridad y los ETFs y Fondos Indexados ofrecen una manera accesible y diversificada de lograrlo. Estos vehículos de inversión brindan ventajas notables, como diversificación instantánea, bajos costos y transparencia. Sin embargo, es importante considerar las desventajas, como la falta de exposición activa y la limitación de personalización. Al elegir entre ETFs y Fondos Indexados, evalúa cuidadosamente tus objetivos, tolerancia al riesgo y preferencias de inversión. A través de una planificación cuidadosa y una comprensión sólida de tus necesidades, puedes aprovechar estas herramientas para construir una cartera robusta y segura que te respalde en tu camino hacia una jubilación exitosa.

Te invito a ver este video:

Ve. LA SUCESIÓN EMPRESARIAL: PROTOCOLO FAMILIAR Y GOBIERNO CORPORATIVO

La sucesión empresarial es un tema de vital importancia que enfrentan las empresas familiares en todo el mundo. A pesar de ser la columna vertebral de la economía global, la mayoría de los negocios familiares no logran trascender más allá de la primera generación de la familia fundadora. Esta realidad subraya la necesidad de abordar la sucesión de manera formal y efectiva, convirtiéndola en un arte que combina elementos de desarrollo humano, relaciones interpersonales, comunicación efectiva y la preservación de la cultura familiar y empresarial.

Estos procesos no se limitan simplemente a la transferencia de bienes materiales o la toma de decisiones en la junta directiva. Van más allá, involucrando elementos emocionales, relaciones familiares y una comprensión profunda de la identidad y valores de la familia y la empresa. El gran reto radica en mantener la visión y el legado de la familia fundadora mientras se adapta a un entorno empresarial en constante evolución.

Para abordar la sucesión de manera efectiva, es esencial combinar varios elementos clave. Primero, el desarrollo del potencial humano se vuelve crucial. Identificar y nutrir el talento dentro de la familia y la empresa es fundamental para asegurar una transición fluida. Esto implica la inversión en capacitación y desarrollo de las futuras generaciones, preparándolas para asumir roles de liderazgo.

Las relaciones interpersonales y la comunicación efectiva también desempeñan un papel central. La transparencia y el diálogo abierto son esenciales para prevenir conflictos y malentendidos. Identificar y reconocer las competencias individuales y fomentar una cultura de colaboración puede facilitar la transición y el crecimiento continuo.

HERRAMIENTAS PARA EL ÉXITO: PROTOCOLO FAMILIAR Y GOBIERNO CORPORATIVO

El uso de herramientas como el Gobierno Corporativo y el Protocolo Familiar se ha convertido en un recurso invaluable en la sucesión empresarial. El Gobierno Corporativo establece un marco de gobernanza claro y estructurado, definiendo roles y responsabilidades dentro de la empresa. Esto ayuda a evitar la concentración excesiva de poder y fomenta la toma de decisiones informada.

El Protocolo Familiar, por otro lado, aborda aspectos más emocionales y culturales. Define los valores, la visión y la misión de la familia y la empresa, y establece reglas y lineamientos para la interacción entre los miembros de la familia y la participación en el negocio. Además, puede abordar temas como la transmisión de la propiedad, la resolución de conflictos y la inclusión de las nuevas generaciones.

La sucesión empresarial puede ser un desafío abrumador, pero también es una oportunidad para preservar y hacer crecer el legado de la familia fundadora. Al combinar elementos de desarrollo humano, relaciones interpersonales, comunicación efectiva y herramientas como el Gobierno Corporativo y el Protocolo Familiar, las empresas familiares pueden superar las estadísticas y lograr una sucesión exitosa y equitativa. Al abordar este arte con dedicación y visión a largo plazo, las empresas familiares pueden trascender generaciones y mantener su influencia positiva en la economía y la sociedad.

GRUPO FERRERO: EJEMPLO MUNDIAL DE GOBIERNO CORPORATIVO SÓLIDO

El Grupo Ferrero es un ejemplo destacado de una empresa familiar con operaciones globales que ha implementado con éxito un gobierno corporativo sólido.

Fundada en Italia en la década de 1940 por Pietro Ferrero, esta empresa se hizo famosa por su popular creación, la avellana cubierta de chocolate Nutella. A lo largo de los años, la empresa ha experimentado un crecimiento significativo y diversificado su cartera de productos para incluir marcas icónicas como Ferrero Rocher, Kinder, y Tic Tac.

La familia Ferrero comprendió que, a medida que la empresa crecía, era fundamental establecer una estructura de gobierno sólida para garantizar la gestión eficiente y la toma de decisiones responsables. Implementaron un gobierno corporativo que incluye los siguientes aspectos clave:

Junta directiva independiente: Ferrero nombró a una junta directiva independiente que incluye a expertos en negocios y líderes en la industria que no son miembros de la familia. Esto garantiza una supervisión objetiva y la toma de decisiones basada en el mérito.

CEO profesional: A pesar de ser una empresa familiar, Ferrero optó por nombrar a un CEO profesional para liderar la empresa en lugar de un miembro de la familia. Esto ayuda a garantizar una gestión imparcial y basada en el rendimiento.

Consejo de Familia: La familia Ferrero estableció un consejo de familia para abordar los asuntos familiares y las relaciones con la empresa. Esto permite que la familia participe en la dirección estratégica, pero de manera estructurada y organizada.

Valores y misión claros: Ferrero ha mantenido los valores y la misión de la familia como el núcleo de su cultura empresarial. Esto se ha transmitido a través de las generaciones y sigue siendo un pilar central de la empresa.

Transparencia financiera: La empresa ha mantenido un alto grado de transparencia financiera, lo que ha generado confianza entre los inversores y el público en general.

Debido a esta estructura de gobierno corporativo bien establecida, el Grupo Ferrero ha logrado un crecimiento constante y es ampliamente respetado en la industria de alimentos y confitería a nivel mundial. La empresa ha mantenido una cultura de innovación, calidad y sostenibilidad, al tiempo que mantiene un fuerte enfoque en la preservación de sus raíces familiares. El éxito del Grupo Ferrero demuestra que es posible mantener una empresa familiar próspera en el ámbito global a través de un gobierno corporativo sólido y una gestión profesional.

6. LA CONSOLIDACIÓN DE ACTIVOS

"El riesgo proviene de no saber lo que estás haciendo"

Warren Buffet

La palabra "consolidación" proviene del latín *"consolidatio"*, que se compone de *"con-"*, que significa "junto", y *"solidus"*, que significa "sólido". En su origen, se refería a la acción de hacer algo sólido o unir varias partes para formar una estructura sólida. En el contexto financiero y patrimonial, la consolidación se refiere al proceso de fortalecer o hacer sólido un patrimonio o activo financiero.

¿Qué es un activo? Un activo es un recurso con valor económico que una entidad o individuo posee o controla con la expectativa de obtener un beneficio futuro. Los activos pueden ser de diferentes tipos, incluyendo:

- **Activos Tangibles:** Son activos físicos que tienen una presencia física, como bienes raíces, vehículos, maquinaria, inventario, obras de arte, entre otros. Estos activos tienen un valor intrínseco y pueden ser medidos en términos monetarios.

- **Activos Intangibles:** Son activos que no tienen una presencia física, pero aún tienen valor económico. Esto incluye elementos como patentes, marcas comerciales, derechos de autor, software, conocimiento técnico, reputación de marca, etc. El valor de los activos intangibles no siempre es evidente y puede ser más difícil de cuantificar.

LA RELEVANCIA DE CONOCER EL VALOR PRECISO DE LOS ACTIVOS Y EL PATRIMONIO

Tanto los activos tangibles como los activos intangibles son componentes fundamentales del patrimonio de una persona o entidad. Conocer el valor preciso de estos activos es crucial por varias razones:

1. **Toma de decisiones financieras:** Conocer el valor de tus activos te permite tomar decisiones financieras más informadas. Puedes determinar cuánto puedes invertir, gastar o destinar a otras necesidades financieras.

2. **Planificación patrimonial:** La valoración precisa de tus activos es esencial al planificar tu patrimonio, que incluye aspectos como la distribución de herencia, la protección de tus bienes, la inversión y la jubilación.

3. **Evaluación de riesgos:** Saber cuánto vales en términos de activos te permite evaluar mejor tus riesgos financieros y protegerte contra pérdidas significativas.

4. **Transacciones comerciales:** En el ámbito empresarial, conocer el valor de los activos es fundamental para la compra o venta de empresas, la obtención de financiamiento y la valoración de inversiones.

5. **Cumplimiento de regulaciones fiscales:** Las autoridades fiscales pueden requerir información precisa sobre tus activos para calcular impuestos.

En resumen, tanto los activos tangibles como los activos intangibles son esenciales para entender y gestionar tu patrimonio. Conocer su valor te permite tomar decisiones financieras más efectivas y planificar tu futuro económico de manera más sólida.

LAS ESTRATEGIAS PATRIMONIALES DE WALT DISNEY

Walt Disney fue un pionero en la industria del entretenimiento y fundador de The Walt Disney Company. A lo largo de su carrera, Disney consolidó una vasta gama de activos tanto tangibles como intangibles:

- **Activos tangibles:** Disney comenzó como un estudio de animación y creó personajes icónicos como Mickey Mouse. Posteriormente, diversificó sus activos tangibles al abrir Disneyland, el primer parque temático de su tipo. Esta inversión en bienes raíces y parques temáticos se convirtió en un gran éxito y una parte clave de sus activos tangibles.

- **Activos intangibles:** La creatividad de Disney y su capacidad para contar historias dieron lugar a valiosos activos intangibles, como la marca Disney y la lealtad de sus seguidores. Además, la empresa acumuló una impresionante biblioteca de películas y contenido, que incluye clásicos animados como "La Cenicienta" y "El Rey León". También impulsó la consolidación de sus activos intangibles a través de la compra de Pixar, Marvel y Lucasfilm, lo que le otorgó derechos sobre franquicias exitosas como "Toy Story," "Los Vengadores" y "Star Wars".

El caso de Walt Disney demuestra cómo la consolidación exitosa de activos se puede lograr a través de la creatividad, la innovación y la expansión estratégica. La capacidad de combinar una amplia gama de activos tangibles, desde parques temáticos hasta bienes raíces, con activos intangibles, como marcas y contenido, ha hecho de Disney una de las compañías de entretenimiento más grandes y exitosas del mundo.

Este caso subraya la importancia de la diversificación y la adquisición estratégica en la consolidación de activos, así como el valor de la marca y el contenido en la construcción de un imperio de entretenimiento.

Otro caso destacado de consolidación exitosa de activos tanto tangibles como intangibles es el del empresario **Richard Branson**.

Richard Branson es un emprendedor británico conocido por su diversificación de negocios exitosos. Su conglomerado, Virgin Group, abarca industrias desde la música y las aerolíneas hasta la tecnología espacial. Aquí hay ejemplos de activos tangibles e intangibles que ha consolidado:

- **Activos tangibles:** Virgin Group ha adquirido y operado numerosas empresas de diferentes sectores. La más destacada es Virgin Atlantic, una aerolínea exitosa. A través de su empresa Virgin Records, Branson también construyó una sólida presencia en la industria musical, que luego vendió a EMI en un acuerdo que le proporcionó activos financieros significativos.

- **Activos intangibles:** Richard Branson es conocido por su imagen de marca y personalidad extravagante, que se ha convertido en un valioso activo intangible para Virgin. La marca Virgin se ha convertido en sinónimo de innovación y calidad en diversas industrias. Además, su habilidad para generar publicidad y promoción con sus desafíos personales, como su intento de viajar al espacio, ha impulsado aún más la marca y su perfil.

La consolidación de activos tangibles e intangibles por parte de Richard Branson muestra cómo la diversificación inteligente, la innovación y una fuerte marca personal pueden llevar al éxito empresarial. También destaca la importancia de la gestión de riesgos en la consolidación de activos, ya que Branson ha asumido riesgos significativos en sus empresas y proyectos a lo largo de los años.

Este caso ilustra cómo la construcción y consolidación de activos puede lograrse a través de la expansión de un negocio diversificado que abarca múltiples industrias y cómo la gestión eficaz de la marca personal puede contribuir a ese éxito.

VIa. INVERSIÓN VS CONSOLIDACIÓN EN BIENES RAÍCES

La adquisición de bienes raíces para arrendar se destaca como una estrategia poderosa que trasciende la mera inversión. Más que una simple acción financiera, esta elección se convierte en un pilar fundamental en la consolidación patrimonial. A continuación te presentamos cómo la adquisición y arrendamiento de bienes raíces se transforma en una herramienta esencial para la construcción sólida de un patrimonio y cómo esta acción va más allá de la inversión tradicional.

La adquisición de bienes raíces para arrendar a menudo se considera una inversión segura y rentable. Sin embargo, cuando se observa desde una perspectiva de consolidación patrimonial, esta estrategia toma un significado más profundo. La consolidación patrimonial implica no solo acumular activos, sino también establecer una base sólida y estable para la seguridad financiera a largo plazo. La adquisición de bienes raíces para arrendar se convierte en un pilar de esta base.

Una de las razones fundamentales por las que la adquisición de bienes raíces para arrendar se alinea perfectamente con la consolidación patrimonial es la capacidad de generar ingresos pasivos estables. A través del alquiler de propiedades, se crean flujos de ingresos constantes que pueden contribuir significativamente a la seguridad financiera. Estos ingresos pueden utilizarse para cubrir gastos, invertir en otros activos o incluso financiar futuras adquisiciones.

La consolidación patrimonial se basa en la diversificación de activos y la reducción de riesgos. La adquisición de bienes raíces para arrendar proporciona una forma tangible de diversificación. Mientras que los mercados financieros pueden ser volátiles, los bienes raíces tienden a ser más estables en el largo plazo. Esto permite que el patrimonio se diversifique más allá de los activos tradicionales, como acciones y bonos, proporcionando una mayor protección contra los altibajos del mercado.

Si bien la apreciación del valor no debe ser el único factor a considerar al adquirir propiedades, no se puede pasar por alto su impacto en la consolidación patrimonial. A lo largo del tiempo, es probable que los bienes raíces aumenten su valor, lo que contribuye al crecimiento del patrimonio. Además de los ingresos por alquiler, la apreciación del valor agrega un componente adicional a la consolidación patrimonial a largo plazo.

La consolidación patrimonial no solo se trata de adquirir activos, sino también de gestionarlos de manera efectiva. La gestión de propiedades puede ser un desafío, pero con una planificación cuidadosa y una gestión adecuada, los beneficios superan las dificultades. Al asegurarse de que las propiedades se mantengan en buen estado y se administren de manera eficiente, se preserva el valor y se maximiza el retorno de la inversión.

Otro aspecto importante de la consolidación patrimonial es la creación de un legado para las generaciones futuras. La adquisición de bienes raíces para arrendar puede tener un impacto duradero en la riqueza familiar. No solo proporciona beneficios económicos en vida, sino que también puede transmitirse a herederos, brindándoles seguridad financiera y oportunidades para construir sus propios patrimonios.

PASOS PARA UTILIZAR LA ADQUISICIÓN DE BIENES RAÍCES EN LA CONSOLIDACIÓN PATRIMONIAL

1. **Planificación financiera integral:** Antes de adquirir bienes raíces, realiza una planificación financiera integral que considere tus objetivos a largo plazo, tu capacidad financiera y el papel que deseas que jueguen las propiedades en tu consolidación patrimonial.

2. **Selección cuidadosa de propiedades:** Investiga y selecciona propiedades que se ajusten a tus objetivos y estrategias. Considera la ubicación, el potencial de alquiler y la apreciación del valor a lo largo del tiempo.

3. **Gestión profesional:** Si bien la gestión de propiedades puede ser desafiante, considera la posibilidad de contratar servicios profesionales de administración de propiedades. Esto asegura que las propiedades sean gestionadas de manera eficiente y efectiva.

4. **Diversificación y equilibrio:** Utiliza la adquisición de bienes raíces como parte de una estrategia general de diversificación de activos. Equilibra tu cartera con otros activos y considera cómo las propiedades se integran en tu enfoque general de consolidación patrimonial.

5. **Planificación de herencia:** Si deseas que las propiedades formen parte de tu legado, asegúrate de tener un plan de herencia sólido. Consulta con profesionales legales y financieros para asegurarte de que tus propiedades se transmitan de manera eficiente a las generaciones futuras.

La adquisición de bienes raíces para arrendar se convierte en una acción poderosa de consolidación patrimonial cuando se considera desde una perspectiva más amplia que abarca la seguridad financiera a largo plazo, la diversificación de activos y la creación de ingresos pasivos estables.

Más allá de ser simplemente una inversión, esta estrategia contribuye de manera significativa a la construcción de un patrimonio sólido que perdurará a lo largo del tiempo y que puede proporcionar beneficios no solo para el titular, sino también para las generaciones futuras. La adquisición de bienes raíces para arrendar se convierte así en un componente esencial en la búsqueda de la consolidación patrimonial y la creación de un futuro financiero seguro.

EL ÉXITO INMOBILIARIO DE BARBARA CORCORAN: DE EMPRENDEDORA A MAGNATE DE BIENES RAÍCES

Barbara Corcoran es un destacado ejemplo de una persona que ha creado un sólido patrimonio adquiriendo bienes raíces para arrendar. Su historia es una inspiración para muchos emprendedores y personas que desean construir riqueza a través de su consolidación patrimonial en propiedades.

1. Comienzos de su emprendimiento

Barbara Corcoran, originaria de Nueva Jersey, comenzó su carrera laboral en una empresa de bienes raíces de Nueva York. Después de trabajar durante varios años, decidió dar un paso audaz y fundar su propia empresa de bienes raíces en 1973, llamada "The Corcoran Group".

2. Enfoque en el mercado de Nueva York

El enfoque inicial de Corcoran estuvo en el mercado inmobiliario de Manhattan, que era competitivo y desafiante. Sin embargo, Corcoran vio oportunidades donde otros veían obstáculos y aprovechó su carisma y habilidades de negociación para construir relaciones con clientes y compradores.

3. Estrategia de inversión personal

A medida que su negocio crecía, Barbara Corcoran también decidió empezar a consolidar su patrimonio personalmente con bienes raíces. Comenzó a adquirir propiedades para arrendar en Nueva York, aprovechando su conocimiento profundo del mercado local.

4. Comprender el valor de las ubicaciones

Corcoran enfocó sus inversiones en ubicaciones estratégicas que sabía que tendrían una alta demanda. Esto incluía áreas que estaban experimentando revitalización y desarrollo.

5. Diversificación de la cartera

A lo largo de los años, Corcoran diversificó su cartera de bienes raíces, adquiriendo propiedades residenciales, comerciales y multifamiliares. Esta diversificación no solo proporcionó una protección contra las fluctuaciones del mercado, sino también múltiples fuentes de ingresos.

6. Adopción de estrategias de arrendamiento inteligentes

Barbara Corcoran aplicó estrategias de arrendamiento inteligentes, como mantener sus propiedades en buenas condiciones y ajustar los alquileres de acuerdo con las condiciones del mercado. Esto le permitió maximizar sus ganancias.

7. Combinación de emprendimiento y bienes raíces

Mientras administraba su exitosa empresa de bienes raíces, Barbara Corcoran también apareció en el programa de televisión "Shark Tank", donde se convirtió en una de las "tiburones". Su perfil en televisión le dio una mayor visibilidad y le permitió seguir expandiendo su imperio inmobiliario.

8. Éxito duradero

Barbara Corcoran no solo ha construido un patrimonio sólido a través de adquirir bienes raíces, sino que también ha mantenido su éxito en el mundo empresarial y la televisión. Su historia destaca cómo una persona emprendedora puede combinar con éxito los negocios inmobiliarios la inversión con una carrera empresarial floreciente.

El éxito de Barbara Corcoran en el ámbito de los bienes raíces es un testimonio de cómo la visión, la tenacidad y la elección inteligente en propiedades pueden conducir a la creación de un patrimonio duradero. Su historia es un recordatorio de las oportunidades que existen en el mercado inmobiliario para aquellos que están dispuestos a aprender, tomar riesgos calculados y mantenerse enfocados en sus objetivos financieros a largo plazo.

Te invito a ver este video:

VIb. LA DIVERSIFICACIÓN INTERNACIONAL DE ACTIVOS

En un mundo globalizado y en constante evolución, la diversificación internacional de activos se ha convertido en una estrategia esencial para proteger y consolidar el patrimonio. Mientras que la inversión y la acumulación de activos son vitales, la seguridad y la preservación de lo ganado son igualmente cruciales. Analizaremos la importancia de diversificar internacionalmente como una forma efectiva de salvaguardar tu patrimonio frente a las incertidumbres legales, regulaciones cambiantes y riesgos económicos en diferentes países.

Cada país tiene sus propias leyes y regulaciones que afectan la propiedad y protección de los activos. Sin embargo, la certeza jurídica no siempre garantiza la protección absoluta de tu patrimonio. Las normativas pueden cambiar rápidamente debido a factores políticos, económicos o sociales, lo que puede poner en riesgo tus activos. La diversificación internacional te permite reducir el impacto de cambios adversos en una región específica al tener activos en múltiples jurisdicciones.

Los riesgos políticos y económicos pueden tener un impacto significativo en la seguridad de tus activos. Factores como la inestabilidad política, cambios de gobierno o crisis económicas pueden afectar negativamente el valor y la protección de tus inversiones. Diversificar tus activos en diferentes países te permite reducir la exposición a estos riesgos y mantener una mayor estabilidad en tu patrimonio.

La diversificación internacional no solo se trata de proteger tus activos de riesgos externos, sino también de salvaguardarlos de posibles litigios y responsabilidades. En algunos casos, la acumulación de activos en un solo país puede hacer que sean más susceptibles a demandas o reclamaciones legales. Al diversificar internacionalmente, puedes dificultar el acceso a tus activos por parte de posibles demandantes.

Al diversificar internacionalmente aprovechas oportunidades de inversión y crecimiento en diferentes partes del mundo. Cada país tiene su propio mercado y potencial económico, lo que puede abrir puertas a inversiones lucrativas. Al diversificar, puedes aprovechar la diversidad de oportunidades y maximizar el rendimiento de tus activos.

PASOS PARA DIVERSIFICAR INTERNACIONALMENTE DE MANERA EFECTIVA

1. **Investigación y conocimiento:** Investiga diferentes países y sus mercados antes de tomar decisiones de inversión. Comprende las regulaciones legales, políticas económicas y oportunidades disponibles en cada jurisdicción.

2. **Asesoramiento profesional:** Trabaja con asesores financieros y legales especializados en inversión internacional. Ellos pueden proporcionarte información clave y guía sobre las mejores estrategias para diversificar de manera efectiva.

3. **Diversidad de activos:** Diversifica tus activos en diferentes clases, como bienes raíces, inversiones financieras y activos tangibles. Esto proporciona una mayor protección y reduce los riesgos asociados con una clase de activos en particular.

4. **Evaluación de riesgos:** Evalúa cuidadosamente los riesgos y beneficios de cada inversión. Considera factores como la estabilidad política, la situación económica y la perspectiva de crecimiento a largo plazo.

5. **Cumplimiento normativo:** Asegúrate de cumplir con todas las regulaciones y obligaciones legales en cada país. Esto incluye aspectos fiscales, regulaciones de inversión y cualquier requisito de declaración financiera.

6. **Monitoreo continuo:** Mantén un monitoreo constante de tus activos internacionales y de cualquier cambio en las regulaciones o circunstancias económicas en los países donde has invertido.

La diversificación internacional de activos se ha vuelto más que una estrategia de inversión; es una medida esencial para proteger y consolidar tu patrimonio en un mundo en constante cambio. Al expandir tus inversiones a nivel internacional, puedes mitigar riesgos legales y regulatorios, reducir la exposición a riesgos políticos y económicos, y aprovechar oportunidades de inversión y crecimiento en diferentes regiones. Trabajar con profesionales especializados y tomar decisiones informadas te permitirá diversificar de manera efectiva y construir un patrimonio sólido y seguro que resista las incertidumbres y desafíos que el futuro pueda presentar.

LAS JURIDICCIONES MÁS SEGURAS DEL MUNDO

Entender qué jurisdicciones han demostrado ser las más seguras a lo largo de la historia es esencial para la planificación patrimonial internacional. Sin embargo, la seguridad de una jurisdicción puede cambiar con el tiempo debido a cambios políticos, económicos y legales. A continuación, se te mostramos una tabla de algunas jurisdicciones que históricamente se han considerado seguras para la planificación patrimonial, pero es importante tener en cuenta que esta lista puede cambiar con el tiempo:

Juridicción	Razones de Seguridad
Suiza	Fuerte tradición bancaria, privacidad y estabilidad política
Singapur	Fuerte regulación financiera y estabilidad económica
Luxemburgo	Estabilidad política, centro financiero europeo
Liechtenstein	Tradición bancaria y regulación financiera sólida
Islas Caimán	Favorable a los negocios y beneficios fiscales
Islas Vírgenes Británicas	Fuerte protección de activos y privacidad
Bermudas	Bajas tasas impositivas y estabilidad económica
Hong Kong	Fuerte presencia financiera internacional y regulación
Islas del Canal	Estabilidad política y regulatoria
Nueva Zelanda	Baja corrupción, seguridad y protección de activos

No dejes de observar que la seguridad de una jurisdicción no solo depende de la regulación financiera, sino también de factores como la estabilidad política, la privacidad, la protección de activos y la prevención del lavado de dinero. Además, las leyes y regulaciones pueden cambiar con el tiempo, lo que afecta la seguridad a largo plazo.

Si estás considerando la planificación patrimonial internacional, es fundamental trabajar con un asesor patrimonial o legal que esté al tanto de las leyes y regulaciones actuales en las jurisdicciones relevantes. Además, ten en cuenta que la seguridad de una jurisdicción no es el único factor para considerar; también debes evaluar tus necesidades financieras y personales al tomar decisiones sobre la jurisdicción adecuada para tu planificación patrimonial.

VIc. LA PROPIEDAD INTELECTUAL Y LOS NFTs

En el mundo de los cryptoactivos, los tokens (representaciones digitales de activos) tienen valor y se utilizan como activos digitales. Existen diferentes tipos de tokens, como los tokens de seguridad (security tokens), los tokens de utilidad (utility tokens) y los tokens no fungibles (NFTs), entre otros.

La tokenización de activos es el origen de los nuevos mercados de capitales en la era digital, hoy en constante evolución. La protección del patrimonio y de los activos (físicos o intangibles) se ha convertido en una prioridad cada vez más apremiante. La tecnología blockchain ha introducido una innovadora herramienta para esta tarea: los NFTs (Tokens No Fungibles). Estos tokens (utility tokens) únicos han revolucionado la forma en que se puede salvaguardar propiedades, activos y propiedad intelectual en línea.

Veremos a continuación la tendencia y los beneficios de utilizar NFTs para proteger nuestro patrimonio y activos en un mundo digital en constante cambio.

Los NFTs son una forma especializada de activos digitales respaldados por la tecnología blockchain. A diferencia de las criptomonedas tradicionales, como Bitcoin o Ethereum, los NFTs son únicos e indivisibles, lo que los hace ideales para representar elementos únicos en línea, como obras de arte, música, coleccionables y propiedades digitales.

Estos son los ejemplos activos que más han utilizado los NFTs para proteger la propiedad intelectual:

Propiedades digitales y virtuales: En un mundo en el que las propiedades digitales y virtuales están en aumento, desde terrenos en mundos virtuales hasta skins en videojuegos, los NFTs ofrecen una forma de autenticar y transferir la propiedad de estos activos digitales de manera segura y transparente.

Obras de arte y creaciones digitales: Los artistas digitales han encontrado en los NFTs una plataforma para autenticar y vender sus obras de arte en línea. Los NFTs permiten rastrear la procedencia y autenticidad de las creaciones digitales, lo que brinda una mayor seguridad tanto para los artistas como para los compradores.

Coleccionables y artefactos virtuales: Los NFTs han dado vida a una nueva generación de coleccionables digitales, desde tarjetas de intercambio en línea hasta objetos únicos en videojuegos. Los coleccionables respaldados por NFTs pueden ser verificados y transferidos de manera segura en línea.

Propiedad intelectual: Los NFTs también ofrecen una forma de proteger la propiedad intelectual en línea, como música, escritura y contenido audiovisual. Los creadores pueden utilizar NFTs para certificar la autenticidad y propiedad de sus obras, lo que puede ser crucial en el mundo digital.

Beneficios de utilizar NFTs para proteger el patrimonio y los activos:

Autenticidad y procedencia verificables: Los NFTs utilizan la tecnología blockchain para registrar y verificar la autenticidad y procedencia de un activo. Esto asegura que los compradores estén obteniendo exactamente lo que están pagando y que los vendedores puedan demostrar la legitimidad de su propiedad.

Transferencia segura y transparente: Los NFTs permiten la transferencia de propiedad de manera segura y transparente en línea. Esto reduce el riesgo de estafas y garantiza que las transacciones sean genuinas y legítimas.

Propiedad indiscutible: Una vez que un activo se representa como un NFT en la cadena de bloques, la propiedad se vuelve indiscutible y rastreable. Esto puede ser especialmente valioso en casos de disputas legales o de propiedad.

Valor añadido para creadores: Los creadores digitales pueden beneficiarse de la monetización de su trabajo a través de la venta de NFTs. Esto les brinda una nueva fuente de ingresos y les permite tener un mayor control sobre la distribución y venta de sus creaciones.

Inversión potencial: Algunos NFTs han demostrado ser valiosos como activos de inversión. La rareza y la demanda pueden aumentar el valor de ciertos NFTs con el tiempo, lo que puede ser beneficioso para aquellos que los poseen.

Desafíos y consideraciones:

Volatilidad y burbujas: Al igual que en cualquier mercado emergente, los NFTs pueden ser volátiles y propensos a burbujas especulativas. Los inversores deben ser cautelosos y realizar investigaciones exhaustivas antes de invertir en NFTs.

Problemas ambientales: La tecnología blockchain utilizada en NFTs ha sido criticada por su alto consumo de energía. Algunas plataformas de NFT están trabajando en soluciones más sostenibles para mitigar este impacto.

Derechos de autor y licencias: Aunque los NFTs pueden ayudar a certificar la propiedad intelectual, es importante considerar los derechos de autor y las licencias asociadas con los activos representados por NFTs.

Cómo utilizar NFTs de manera efectiva:

Investigación rigurosa: Antes de invertir en NFTs, investiga a fondo la plataforma y el activo que estás considerando. Asegúrate de comprender los términos y condiciones y de verificar la autenticidad del activo.

Protección de propiedad intelectual: Si eres un creador que busca proteger su propiedad intelectual, investiga cómo puedes utilizar NFTs para certificar y proteger tus obras.

Diversificación: Al igual que con cualquier inversión, considera la diversificación. No pongas todos tus recursos en un solo tipo de activo o plataforma de NFT.

Seguridad digital: Mantén la seguridad de tus activos digitales y las claves privadas que los respaldan. Utiliza billeteras seguras y mantén tus claves en un lugar seguro.

Los NFTs han surgido como una herramienta innovadora para proteger el patrimonio y los activos. Ya sea en forma de propiedades digitales, arte, coleccionables o propiedad intelectual, los NFTs ofrecen autenticidad verificable y transferencias seguras en línea. Aunque presentan beneficios notables, también requieren una investigación cuidadosa y una comprensión completa de sus desafíos y consideraciones. Al utilizar NFTs de manera efectiva, puedes proteger y preservar tus activos en un entorno digital en constante evolución, asegurando un patrimonio seguro y resiliente para el futuro.

PROTECCIÓN DE LA PROPIEDAD: TRADICIONAL VS DIGITAL

Aquí tienes una tabla comparativa que destaca las diferencias entre la protección tradicional de la propiedad intelectual y la protección digital mediante NFTs:

Aspecto	Protección tradicional de Propiedad Intelectual	Protección digital con NFTs
Certificación de autenticidad	Relativa a través de derechos de autor, marcas registradas, etc.	Fuerte y segura, ya que cada NFT está respaldado por blockchain, proporcionando una prueba sólida de autenticidad.
Control y propiedad	Los titulares de derechos de autor y marcas pueden ceder ciertos derechos, pero generalmente retienen el control.	Los creadores pueden mantener el control y la propiedad de su obra, incluso después de vender un NFT.
Falsificación y piratería	Vulnerable a la falsificación y piratería, especialmente en el ámbito digital.	Altamente resistente a la falsificación y piratería, ya que los NFTs son únicos e irremplazables.
Rastreo de transacciones	Limitado o inexistente, lo que dificulta el seguimiento de la propiedad y las ventas secundarias.	Todas las transacciones de NFT se registran en blockchain, lo que permite un rastreo completo de la propiedad y las ventas secundarias.

Monetización de obras	Puede requerir intermediarios, y los creadores a menudo obtienen una parte limitada de las ventas secundarias.	Facilita la monetización directa a través de ventas primarias y secundarias, con comisiones para los creadores en cada transacción.
Acceso a mercados globales	Acceso limitado a nivel internacional, lo que dificulta llegar a una audiencia global.	Acceso a mercados globales a través de plataformas en línea de NFT, lo que permite llegar a una audiencia global sin restricciones geográficas.
Facilidad de comercio y liquidación	El comercio puede ser complicado y está sujeto a regulaciones legales.	Comercio digital sencillo y sin fricciones a través de plataformas en línea, con transacciones eficientes y liquidez.
Costos y tarifas	Implican costos legales, tasas de registro y, a veces, costos significativos.	Involucra tarifas de transacción de blockchain, pero a menudo son más bajas que los costos legales tradicionales.

Legibilidad legal y regulaciones	Está regulado por leyes nacionales e internacionales, lo que puede variar según la ubicación.	Las regulaciones de NFT están en desarrollo, pero pueden ser más ágiles y adaptativas a través de contratos inteligentes.

Esta tabla muestra que la protección digital de la propiedad intelectual mediante NFTs presenta ventajas significativas en términos de certificación de autenticidad, control del creador, resistencia a la falsificación y rastreo de transacciones. Sin embargo, es importante tener en cuenta que las regulaciones y la adopción de NFTs aún están en evolución, por lo que es crucial para los creadores y propietarios de derechos de autor estar al tanto de las últimas novedades y considerar tanto las soluciones tradicionales como las digitales para proteger sus activos de propiedad intelectual.

VId. LOS ACTIVOS INTANGIBLES

En las últimas décadas, hemos sido testigos de un cambio significativo en la composición de los activos de las empresas, donde los activos intangibles han cobrado mayor relevancia en comparación con los activos tangibles, como propiedades, fábricas y maquinaria. Esto se debe a varios factores que han impulsado esta transformación:

1. **Economía del conocimiento:** Vivimos en una economía impulsada por el conocimiento y la información. Las empresas líderes dependen cada vez más de la innovación, la tecnología, las patentes, las marcas y otros activos intangibles para mantener su ventaja competitiva.

2. **Tecnología y digitalización:** El avance tecnológico ha impulsado la digitalización de las empresas. Los

datos, las plataformas digitales, los algoritmos y otros activos intangibles se han convertido en fundamentales para las operaciones y la toma de decisiones.

3. **Globalización:** En un mundo globalizado, las empresas operan en mercados internacionales y necesitan marcas fuertes y propiedades intelectuales para expandirse. Los activos intangibles, como las marcas, trascienden las barreras geográficas.

4. **Cambios en el comportamiento del consumidor:** Los consumidores valoran cada vez más las experiencias, la innovación y la autenticidad. Las marcas y la reputación son activos intangibles que influyen en las decisiones de compra.

Las ventajas de identificar y valorar los activos intangibles son significativas:

1. **Creación de valor:** Los activos intangibles bien gestionados pueden aumentar el valor de una empresa. Una marca fuerte, por ejemplo, puede permitir precios más altos y mayor lealtad del cliente.

2. **Acceso a financiamiento:** Los inversores y prestamistas están interesados en los activos intangibles, ya que representan oportunidades de crecimiento y generación de ingresos. La capacidad de valuar estos activos puede facilitar el acceso a financiamiento.

3. **Toma de decisiones estratégicas:** La identificación y valoración de activos intangibles proporciona información valiosa para la toma de decisiones estratégicas. Las empresas pueden priorizar la inversión en activos que generen el mayor retorno.

4. **Protección legal:** La protección de activos intangibles, como patentes y marcas registradas, puede brindar a las empresas una ventaja competitiva y una protección legal contra la competencia.

5. **Gestión de riesgos:** Comprender el valor de los activos intangibles permite a las empresas gestionar mejor los riesgos asociados a su pérdida o degradación.

Para las empresas, el desafío radica en identificar, valorar y gestionar eficazmente sus activos intangibles. Esto implica la necesidad de profesionales y expertos en propiedad intelectual, gestión de activos digitales y estrategias de marca. En un entorno empresarial en constante evolución, reconocer el valor de los activos intangibles se ha vuelto fundamental para el éxito a largo plazo.

LA SALUD Y EL VALOR DE LAS MARCAS

Conocer el estado de salud de una marca y su valor es fundamental en la gestión de empresas y en la construcción y protección del patrimonio. Esto se debe a varias razones clave:

1. **Identidad y reconocimiento:** La marca de una empresa es su identidad en el mercado. Representa no solo sus productos o servicios, sino también sus valores, su historia y su relación con los consumidores. Conocer el estado de salud de una marca significa comprender cómo se percibe en el mercado, cuán reconocible es y si sus valores aún resuenan con el público.

2. **Valor en el mercado:** Una marca fuerte tiene un valor significativo en el mercado. Puede influir en la preferencia de los consumidores y en su disposición a pagar más por productos o servicios de esa marca. Conocer el valor de la marca puede ser esencial en decisiones financieras, como la valoración de la empresa, la obtención de financiamiento o la negociación de fusiones y adquisiciones.

3. **Protección legal:** En muchos casos, el valor de la marca está respaldado por derechos de propiedad

intelectual, como marcas registradas. Conocer el estado de salud de una marca implica proteger estos derechos, asegurando que nadie más pueda utilizar la marca de manera no autorizada, lo que podría socavar su valor.

4. **Gestión estratégica:** Entender cómo se encuentra una marca en términos de fortalezas, debilidades, oportunidades y amenazas puede guiar decisiones estratégicas. Esto incluye decisiones sobre inversión en marketing, desarrollo de nuevos productos o servicios, expansión a nuevos mercados y comunicación con los consumidores.

5. **Innovación y adaptación:** La salud de una marca también está relacionada con su capacidad para innovar y adaptarse a cambios en el mercado. Conocer la percepción de la marca puede ayudar a la empresa a mantenerse relevante y competitiva.

6. **Creación de valor patrimonial:** La marca puede ser uno de los activos intangibles más valiosos de una empresa. A medida que construyes y proteges tu patrimonio, tener una marca sólida puede contribuir significativamente a tu riqueza personal y a la herencia que dejas a las generaciones futuras.

7. **Confianza de los inversionistas y socios comerciales:** Los inversionistas, socios comerciales y prestamistas pueden basar sus decisiones en la salud de la marca. Si confían en que la marca está bien posicionada y tiene un valor sólido, es más probable que participen en acuerdos con la empresa.

EL SMART BRANDING MODEL DE MENTOR BRAND ASSET CONSULTING

Mentor Brand Asset Consulting es una empresa mexicana que cuenta con más de treinta y cinco años de experiencia en branding. Diseñó un modelo estratégico que paso a paso va dando forma a la Marca-Activo. Lo denominan **SMART BRANDING MODEL® (SBM)**. Contempla las fases o etapas de desarrollo del activo y su sinergia entre las partes que lo componen. El modelo es ajustable y también amigable ya que puede aplicarse en su totalidad o en partes. Principio del formulario

Estas son las fases del modelo:

a)   Auditoría & diagnóstico

- Programa de auditoría
- Diagnóstico de salud de marca

b)   Estudio

- Diseño de modelo de negocio
- Programa de revitalización de marca
- Programa de creación de marca
- Conceptos creativos

c)   Valuación

- Valuación de marca referencial
- Valuación de marca perceptual
- Valuación de maca financiera
- Valuación integral de marca

d)   Beneficios

- Beneficios financieros
- Beneficios contables y fiscales

- Beneficios patrimoniales
- Atracción de capital
- Due diligence
- Franquicia o licenciamiento

Los mentores asociados de esta empresa aseguran que conocer el estado de salud de una marca y su valor no es solo relevante para las empresas, sino que también tiene un impacto directo en la gestión patrimonial. Una marca fuerte puede aumentar el valor de la empresa y, en última instancia, contribuir a la construcción y protección del patrimonio personal.

LA ADQUISICIÓN DE WHATSAPP EN 2014

La adquisición de WhatsApp por parte de Facebook en 2014 fue un ejemplo paradigmático de cómo los activos intangibles pueden superar ampliamente en valor a los activos tangibles en una transacción empresarial. Aquí tienes los detalles clave de esta adquisición:

1. **El acuerdo de compra:** Facebook adquirió WhatsApp por un valor total de aproximadamente $19 mil millones de dólares. Esto incluyó $4 mil millones en efectivo y el resto en acciones de Facebook. La cantidad fue asombrosa, especialmente considerando que WhatsApp tenía solo alrededor de 55 empleados en ese momento.

2. **Usuarios y crecimiento:** En el momento de la adquisición, WhatsApp ya tenía más de 600 millones de usuarios activos. Esta cifra estaba en constante crecimiento, lo que hacía que la aplicación de mensajería fuera una de las más populares en todo el mundo.

3. **Valor de la marca y la audiencia:** WhatsApp había logrado construir una marca fuerte y había reunido una gran audiencia global. Esto se tradujo en una

base de usuarios leales y comprometidos que confiaban en la aplicación para sus comunicaciones diarias.

4. **Red de comunicación:** WhatsApp proporcionaba a Facebook una entrada valiosa en el mundo de las comunicaciones móviles. Con la adquisición, Facebook obtuvo acceso a una inmensa red de usuarios que utilizaban WhatsApp para mensajes de texto, llamadas de voz y video, y compartir contenido multimedia.

5. **Potencial de monetización:** Aunque WhatsApp era, en ese momento, una aplicación de mensajería gratuita sin anuncios, Facebook vio un gran potencial de monetización. Planeaban utilizar la plataforma para conectar a empresas y consumidores a través de mensajes comerciales y servicios de atención al cliente, lo que abriría nuevas fuentes de ingresos.

6. **Sin activos físicos significativos:** Uno de los aspectos más notables de esta adquisición fue la falta de activos físicos significativos. WhatsApp no tenía propiedades, fábricas o maquinaria; su valor estaba en su tecnología, su base de usuarios y su marca.

Esta adquisición destacó cómo la valoración de una empresa ya no se basaba únicamente en sus activos tangibles, como edificios y equipos, sino en activos intangibles, como la base de usuarios, la tecnología y la marca. También subrayó la importancia de la audiencia y la capacidad de monetización en la economía digital. La estrategia de Facebook al adquirir WhatsApp se centró en el potencial de crecimiento y la evolución del panorama de la comunicación en línea, y ha demostrado ser una inversión exitosa a medida que WhatsApp sigue siendo una plataforma líder en mensajería a nivel mundial.

VIe. LOS FIDEICOMISOS DE PLANEACIÓN PATRIMONIAL

En el ámbito de la planificación patrimonial, los fideicomisos se han convertido en una herramienta esencial para proteger y consolidar el patrimonio de individuos y familias. Estos instrumentos legales ofrecen una serie de ventajas y beneficios que permiten una planificación estratégica y eficiente, asegurando que los activos se manejen y distribuyan de acuerdo con los deseos y objetivos del fideicomitente (quien establece el fideicomiso).

Un fideicomiso es un contrato legal en el cual el fideicomitente transfiere la propiedad de ciertos activos a un fiduciario, quien administra y gestiona esos activos en beneficio de uno o más beneficiarios designados. Los fideicomisos de planeación patrimonial se utilizan para garantizar que los bienes y activos se distribuyan de manera ordenada y eficiente, siguiendo las instrucciones y objetivos del fideicomitente.

Una de las principales ventajas de los fideicomisos de planeación patrimonial es su capacidad para brindar protección a los activos. Al transferir la propiedad de los bienes al fiduciario, estos se vuelven inaccesibles para posibles acreedores, demandantes o cualquier otro tipo de riesgo legal. Esto es especialmente valioso en un mundo donde la incertidumbre financiera y legal puede amenazar la estabilidad patrimonial.

Los fideicomisos también son herramientas efectivas para la consolidación y transmisión ordenada del patrimonio. El fideicomitente puede establecer disposiciones específicas en términos de cuándo y cómo se distribuirán los activos a los beneficiarios. Esto es particularmente útil en situaciones donde el fideicomitente desea asegurarse de que sus bienes sean utilizados de manera responsable y en línea con sus valores y objetivos.

Otra ventaja de los fideicomisos es la privacidad y confidencialidad que brindan. A diferencia de la sucesión testamentaria, que es un proceso público, los fideicomisos permiten una transmisión de activos más discreta y confidencial. Esto puede ser especialmente importante para familias que desean mantener la privacidad en cuestiones de herencia y planificación patrimonial.

Existen varios tipos de fideicomisos, cada uno diseñado para cumplir objetivos específicos. Algunos ejemplos incluyen los fideicomisos revocables, que pueden modificarse a lo largo del tiempo; los irrevocables, que una vez establecidos no pueden ser modificados sin el consentimiento de los beneficiarios; y los fideicomisos de beneficencia, que permiten apoyar causas filantrópicas mientras se protege el patrimonio.

En resumen, los fideicomisos de planeación patrimonial son una táctica esencial para proteger y consolidar el patrimonio. Ofrecen ventajas como la protección de activos, la transmisión efectiva y ordenada del patrimonio, la privacidad y la confidencialidad. A través de estos instrumentos legales, los individuos y las familias pueden asegurarse de que sus bienes se manejen y distribuyan de acuerdo con sus deseos y objetivos, contribuyendo así a una planificación patrimonial efectiva y estratégica.

LA PROTECCIÓN CON TESTAMENTOS VS FIDEICOMISOS PATRIMONIALES

Aquí tienes una tabla comparativa que destaca las diferencias clave entre la protección del patrimonio mediante un testamento y un fideicomiso patrimonial:

Aspecto	Testamento	Fideicomiso Patrimonial
¿Qué es?	Un documento legal que establece cómo se distribuirán tus bienes después de tu fallecimiento.	Un acuerdo legal que transfiere la propiedad de tus bienes a un fideicomiso gestionado por un tercero en vida y que luego se distribuirá de acuerdo con tus deseos.
Privacidad	Por lo general, es un documento público que se convierte en parte de los registros públicos después de tu fallecimiento.	Es un acuerdo privado, y la transferencia de bienes se realiza de manera discreta y fuera del sistema público de registros.
Control en vida	No proporciona control directo sobre tus activos en vida; solo entra en vigencia después de tu fallecimiento.	Puedes retener control sobre tus activos y especificar cómo deben manejarse en vida y después de tu fallecimiento.
Evita la sucesión intestada	Evita que tus bienes sean distribuidos por las leyes de sucesión intestada, permitiéndote especificar tus deseos.	Evita la sucesión intestada al permitirte designar beneficiarios y establecer cómo deben distribuirse tus bienes.

Costos y honorarios	Por lo general, implica costos legales asociados con la redacción y ejecución del testamento.	Puede implicar costos legales y honorarios del fideicomiso, que pueden ser más altos pero proporcionan beneficios adicionales.
Evita el proceso de sucesión	Evita o simplifica el proceso de sucesión, pero aún puede requerir la validación y ejecución del testamento por un tribunal.	Evita gran parte del proceso de sucesión, ya que los activos están en un fideicomiso y no pasan por el proceso de sucesión.
Designación de beneficiarios	Puedes designar beneficiarios para tus bienes, pero estos aún pueden pasar por el proceso de sucesión.	Designas beneficiarios en el fideicomiso y tus bienes pasan directamente a ellos, evitando el proceso de sucesión.
Flexibilidad en la planificación	Ofrece menos flexibilidad para planificar cómo se distribuirán tus bienes en comparación con un fideicomiso.	Proporciona mayor flexibilidad, permitiéndote establecer condiciones específicas para la distribución de activos.
Protección de bienes	Ofrece cierta protección contra acreedores y demandas, pero en menor medida que un fideicomiso.	Puede proporcionar una mayor protección de los bienes contra acreedores y demandas, según las disposiciones del fideicomiso.

Continuidad de la administración	La administración de bienes es responsabilidad del albacea nombrado en el testamento.	La administración de bienes puede continuar sin interrupciones si el fideicomisario o sucesor designado está en vigor.
Duración	Tiene efecto solo después de tu fallecimiento.	Puede tener efecto durante toda tu vida y más allá, según tus instrucciones.
Tipos de bienes cubiertos	Puede cubrir una variedad de bienes, incluidos bienes inmuebles, cuentas bancarias y activos personales.	Puede cubrir una amplia gama de activos, y algunos fideicomisos son específicos para ciertos tipos de bienes, como bienes raíces o inversiones.

Esta tabla resalta las diferencias significativas entre un testamento y un fideicomiso patrimonial en términos de privacidad, control en vida, proceso de sucesión, protección de bienes y flexibilidad en la planificación. La elección entre un testamento y un fideicomiso depende de tus necesidades y objetivos específicos de planificación patrimonial, por lo que es recomendable consultar con un profesional legal para determinar la mejor opción para tu situación.

7. LA ESTRATEGIA DE BLINDAJE PATRIMONIAL

"La estrategia sin táctica es el camino más lento hacia la victoria. Las tácticas sin estrategia son el ruido antes de la derrota."

Sun Tzu

La palabra "estrategia" tiene sus raíces en la antigua Grecia. Proviene del término *"strategia,"* que se compone de dos palabras: "stratos," que significa ejército, y "ago," que se traduce como guiar o liderar. Por lo tanto, en su origen, la estrategia estaba vinculada a la planificación y dirección de acciones militares.

En el contexto militar, la estrategia se refiere a un plan integral diseñado para alcanzar un objetivo o vencer a un oponente. Implica una visión a largo plazo, una evaluación exhaustiva del entorno, la identificación de recursos disponibles y la consideración de tácticas específicas para alcanzar metas más amplias. Las estrategias militares involucran la coordinación de diversas fuerzas, la anticipación de movimientos del enemigo y la adaptación a circunstancias cambiantes.

Desde el punto de vista empresarial una estrategia de blindaje patrimonial debería de considerar por lo menos una táctica para cada uno de los componentes patrimoniales de las empresas que se muestran en la siguiente ilustración:

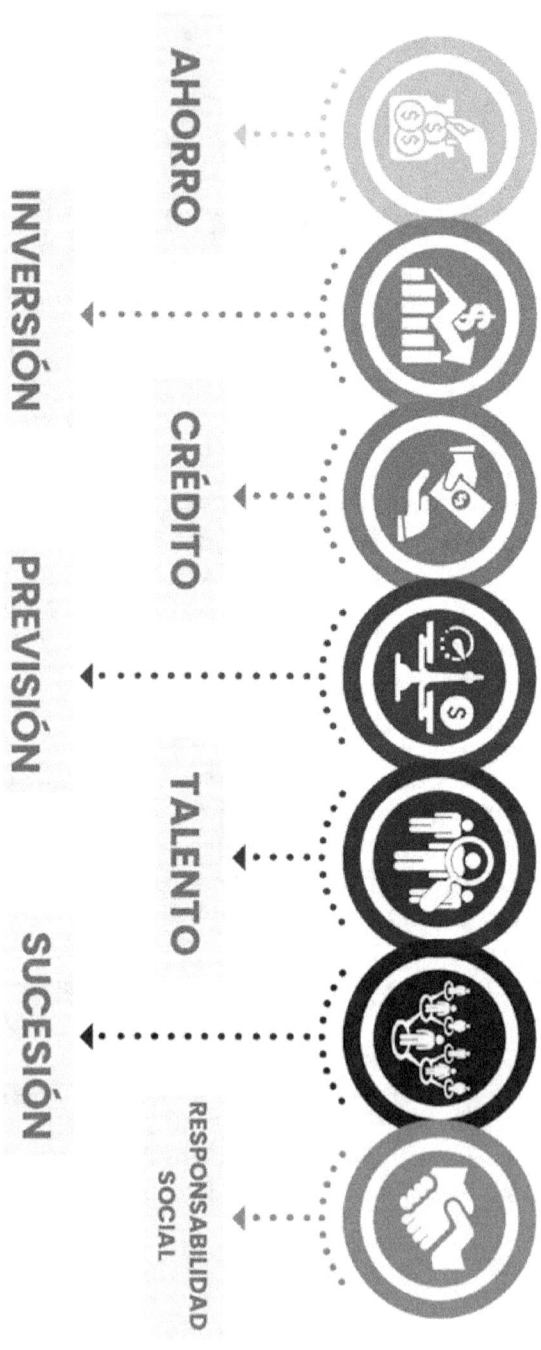

AHORRO

INVERSIÓN

CRÉDITO

PREVISIÓN

TALENTO

SUCESIÓN

RESPONSABILIDAD SOCIAL

En nuestro libro: Estratega patrimonial hecho en México" detallamos la metodología para estructurar una estrategia patrimonial para las empresas. La siguiente ilustración condensa las ideas más importantes:

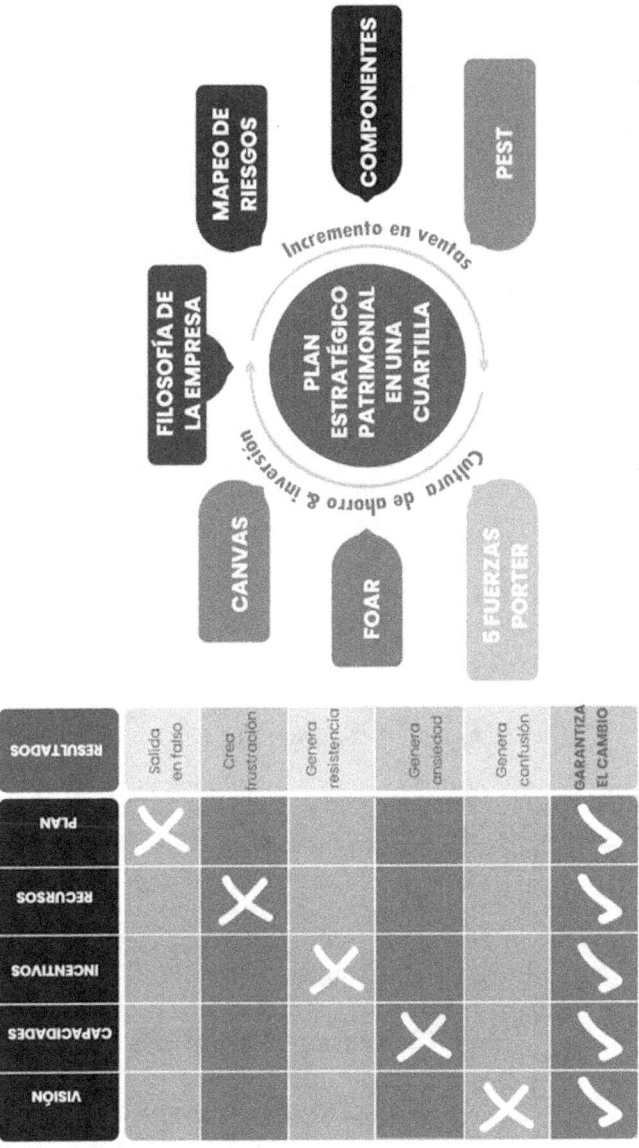

Los pasos para llevar a cabo la definición de un Plan estratégico patrimonial son muy sencillos:

1. Partir de la **filosofía empresarial del fundador y/o dueño del negocio: Visión, Misión y Convicciones.** Por lo general, estos preceptos se tienen por escrito, algunos los tienen en la cabeza y otros requieren de una guía de apoyo para definirlos y ponerlos por escrito.

2. Tener clara la **meta más importante** que tendrá el negocio, lo mismo que reflexionar sobre los aspectos que pudieran "afinarse", entre otros:

   - Clarificación de la visión.

   - Capacidades del equipo de colaboradores.

   - Programa de incentivos.

   - Revisión de los recursos.

   - Plan de trabajo.

En muchos casos, para cada uno de estos elementos existe un aspecto por afinar o perfeccionar.

3. Entender la atención y compromiso que el empresario está utilizando en:

   - **Crecer su patrimonio.**

   - **Consolidar su patrimonio.**

   - **Conciliar sus necesidades e intereses personales.**

En este proceso conviene tratar de establecer qué porcentaje de atención y energía se dedica a cada uno de los tres conceptos.

4. Identificar los **principales riesgos** que enfrenta la empresa, calificando para cada uno la probabilidad de que ocurra y el impacto que tendría, lo que permite elaborar la correspondiente matriz de riesgos.

5. Enlistar en orden de prioridad los **siete componentes patrimoniales de los negocios**, de acuerdo con las necesidades e intereses patrimoniales de su empresa.

6. Revisar la **estructura de la empresa** con apoyo del organigrama, analizando en paralelo los estados financieros.

7. Realizar un **análisis PESTEL (factores políticos, económicos, socioculturales, tecnológicos, ecológicos y legales)**, dependiendo de la complejidad de las operaciones de la empresa y su grado de madurez. Se trata de una herramienta estratégica útil para comprender los ciclos de un mercado, la posición de una empresa y la dirección operativa.

8. Hacer un análisis de las **Cinco fuerzas de Porter:** a) poder de negociación de los compradores o clientes, b) el grado en que los proveedores son capaces de influir en la empresa, c) la amenaza de nuevos competidores entrando al mercado, d) la amenaza de productos o servicios sustitutos, y e) la intensidad de la rivalidad entre los competidores existentes; en

combinación con otras variables que influyen en el nivel de competencia en una industria. Al igual que en el paso anterior, este paso puede realizarse u obviarse, dependiendo de la complejidad y madurez de la empresa.

9. Realizar un ejercicio **FOAR (Fortalezas, Oportunidades, Aspiraciones y Resultados)**, como un modo de aterrizar toda la información.

10. Trabajar con la **propuesta de valor de la empresa**, plasmándola con los demás componentes en una plantilla de Modelo de Negocio.

11. Formular el **Plan estratégico patrimonial** en una cuartilla.

En realidad, se trata de un método muy sencillo, que se basa en la reflexión mediante la formulación de preguntas poderosas que se retoman del coaching ontológico y patrimonial.

Para la realización de una estrategia de blindaje patrimonial no solo empresarial, pero también personal y familiar, presentamos algunas conexiones clave:

1. **Visión a largo plazo:** Al igual que en una estrategia militar, en la gestión patrimonial es crucial tener una visión a largo plazo. Esto implica establecer objetivos financieros y patrimoniales a largo plazo y trazar un camino claro para alcanzarlos.

2. **Evaluación del entorno:** Así como los líderes militares evalúan el campo de batalla y la situación geopolítica, los asesores patrimoniales deben analizar el entorno financiero, económico y legal. Esto incluye la identificación de oportunidades y riesgos.

3. **Optimización de recursos:** Tanto en la estrategia militar como en la gestión patrimonial, la optimización de los recursos disponibles es fundamental. En finanzas, esto implica la asignación eficiente de activos, la gestión de inversiones y la reducción de gastos innecesarios.

4. **Flexibilidad y adaptación:** Las estrategias militares deben ser adaptables, y lo mismo se aplica a la gestión patrimonial. Los cambios en los mercados, las leyes fiscales o las circunstancias personales pueden requerir ajustes en la estrategia financiera.

5. **Identificación de objetivos:** En una estrategia financiera, es importante identificar objetivos claros, como la creación de riqueza, la jubilación segura o la protección de activos. Estos objetivos guían la toma de decisiones.

6. **Gestión de riesgos:** Tanto en la estrategia militar como en la financiera, la gestión de riesgos es esencial. Esto incluye la protección contra amenazas externas, como crisis económicas o desastres naturales, y la consideración de riesgos internos, como la falta de diversificación de inversiones.

La noción de estrategia, que encuentra sus raíces en contextos militares, es igualmente valiosa en la gestión patrimonial. La gestión patrimonial requiere un enfoque estratégico que involucra una planificación cuidadosa, la adaptación a circunstancias cambiantes y el manejo eficiente de recursos. La estrategia es un puente poderoso entre la historia militar y la administración patrimonial, ambas destinadas a alcanzar metas y asegurar la supervivencia en un entorno en constante evolución.

La generación, conservación, protección, consolidación y blindaje del patrimonio son procesos que se benefician en gran medida de enfoques estratégicos.

La estrategia de blindaje patrimonial es el arte de planear las circunstancias y dirigir los recursos actuales y futuros para lograr el objetivo, no sólo de generar y acrecentar el patrimonio, sino de conservarlo, protegerlo, consolidarlo y blindarlos a lo largo de varias generaciones, armonizando y adaptando al entorno las distintas necesidades e intereses propios, de la familia, de nuestras empresas, de nuestra comunidad y de nuestras autoridades.

VIIa. LOS ONCE PILARES DEL BLINDAJE PATRIMONIAL

Nuestro **"Método de Capitalización Estratégica de Activos Invisibles"** considera una estrategia integral que combina múltiples tácticas para proteger el patrimonio personal, familiar y empresarial. Estos son los once pilares del método:

1. **Evaluación integral del patrimonio:** Comenzamos por realizar un estudio de tus comportamientos, liderazgo e inteligencia emocional de forma que las decisiones de blindaje patrimonial que vayas a realizar estén alineadas con tus intereses y preferencias. Realizamos conjuntamente una evaluación completa de todos tus activos tangibles e intangibles, incluyendo propiedades, inversiones, marcas, patentes y más. Esto nos proporciona una visión clara de tu punto de partida.

2. **Planificación fiscal eficiente:** Colaboramos con asesores fiscales para identificar estrategias legales para minimizar la carga fiscal en tus ingresos y activos. Esto puede incluir la optimización de estructuras de propiedad y el aprovechamiento de beneficios fiscales.

3. **Diversificación de inversiones:** Te acompañamos para que no pongas todos tus huevos en una sola canasta. Te mostramos distintas posibilidades para

diversificar tus inversiones en diferentes clases de activos y geografías para reducir riesgos y aumentar oportunidades de crecimiento.

4. **Creación de un testamento y fideicomisos:** Establece un testamento y considera la creación de fideicomisos para garantizar la distribución adecuada de tus activos en el futuro. Esto es esencial para la protección de tu legado y la continuidad de tus negocios.

5. **Gestión de riesgos:** Te ayudamos a identificar y mitigar riesgos financieros y personales mediante seguros de daños y riesgos personales. Nos aseguramos de que tengas la cobertura adecuada para protegerte contra eventos imprevistos.

6. **Protección de propiedad intelectual:** Te mostramos como registrar y proteger tus activos intangibles, como marcas, patentes y derechos de autor. Esto puede incluir la creación de NFTs para salvaguardar la propiedad intelectual.

7. **Planificación de la sucesión empresarial:** Si tienes una empresa, te acompañamos para elaborar un protocolo familiar y establecer un gobierno corporativo sólido. Esto garantizará una transición suave y efectiva a las generaciones futuras.

8. **Educación financiera y patrimonial:** Te mostramos los distintos cursos de capacitación que tenemos para tu familia y colaboradores en cuestiones financieras y patrimoniales. La educación es fundamental para mantener un enfoque colectivo en la protección del patrimonio.

9. **Gestión de deudas:** Te mostramos distintas posibilidades para gestionar tus deudas de manera estratégica y evitar el endeudamiento excesivo, si fuera el caso. También te ayudamos a redefinir tus hábitos de gasto y ahorro para evitar cargas financieras innecesarias.

10. **Reserva de contingencia:** Te sugerimos como mantener una reserva de emergencia para cubrir gastos inesperados o pérdidas de ingresos. Esto te proporcionará seguridad financiera en tiempos de crisis.

11. **Revisión y actualización continua:** Finalmente, recuerda que la protección patrimonial no es estática. Con nuestro **"Método de Capitalización Estratégica de Activos Invisibles"**, estarás revisando y actualizando tu estrategia a medida que cambian las circunstancias y el entorno económico.

Nuestro método está diseñado para que puedas utilizar y combinar estas tácticas de acuerdo con tu situación personal, familiar y empresarial y que logres una Capitalización Estratégica de Activos Invisibles. Recuerda que la colaboración con asesores y mentores financieros y legales calificados es esencial para asegurar que tu estrategia sea sólida y esté en constante evolución para enfrentar los desafíos cambiantes.

VIIb. LOS TRES OBJETIVOS DE LA META PATRIMONIAL

Las metas juegan un papel fundamental. Como faros que iluminan nuestro camino, las metas nos dan dirección y propósito. Sin embargo, no basta con tener metas vagas en la mente; es esencial fijar metas retadoras, escribirlas y medirlas.

Las metas retadoras nos sacan de nuestra zona de confort y nos inspiran a alcanzar niveles más altos de logro. Establecer metas realistas pero ambiciosas nos impulsa a esforzarnos más allá de lo común, desatando nuestro potencial completo. En el contexto financiero, esto se traduce en fijar metas que nos motiven a ahorrar e invertir de manera significativa, superando obstáculos y alcanzando hitos que anteriormente podrían haber parecido inalcanzables.

LA IMPORTANCIA DE LAS METAS POR ESCRITO

La diferencia entre una meta en la mente y una meta por escrito es significativa. Cuando escribimos nuestras metas, las concretamos y las convertimos en compromisos tangibles. Las metas escritas se vuelven objetivos claros y visibles que pueden actuar como recordatorios constantes de lo que estamos trabajando por lograr. Esta práctica también nos ayuda a definir con precisión lo que deseamos alcanzar, permitiéndonos desglosar las metas en pasos accionables y medibles.

La máxima "lo que no se mide no se puede mejorar" cobra vida en el mundo financiero. El acto de medir el progreso hacia nuestras metas nos brinda datos concretos para evaluar nuestro avance y ajustar nuestras estrategias si es necesario. Sin mediciones, nuestras metas pueden quedar en el ámbito de los sueños lejanos. Al llevar un registro constante de nuestro progreso, podemos identificar áreas en las que estamos prosperando y aquellas que requieren más atención.

Las metas no solo nos ofrecen un destino final, sino que también nos guían a lo largo del camino. Establecer metas financieras nos permite crear un mapa de ruta claro y estructurado. Esto implica definir metas a corto, mediano y largo plazo. Las metas a corto plazo pueden ser pequeños logros que nos motivan y refuerzan nuestro compromiso. Las metas a mediano y largo plazo nos brindan una visión más amplia de nuestro futuro financiero, lo que nos permite planificar con anticipación y tomar decisiones coherentes con nuestros objetivos a largo plazo.

Tener metas claras es esencial para saber hacia dónde dirigirse. Las metas nos brindan un propósito y un enfoque, lo que nos permite evitar la deriva financiera. Cuando sabemos lo que queremos lograr, nuestras decisiones financieras se vuelven más estratégicas y alineadas. Cada elección que hacemos ya sea gastar o invertir, se evalúa en relación con nuestras metas, lo que nos ayuda a mantenernos en el camino correcto hacia el éxito patrimonial.

El proceso de establecer metas, medir el progreso y ajustar nuestras acciones según sea necesario es un ciclo de mejora continua. Esta mentalidad es esencial en el mundo financiero, donde las condiciones y oportunidades pueden cambiar con el tiempo. Al tener metas claras y estar dispuestos a adaptarnos a medida que avanzamos, creamos una base sólida para el crecimiento y la evolución constante de nuestro patrimonio.

Las metas financieras desafiantes y por escrito son la columna vertebral de una estrategia financiera efectiva. Al establecer metas que nos inspiren y escribirlas para darles forma y compromiso, creamos un marco que guía nuestras decisiones y acciones. Medir nuestro progreso nos proporciona datos concretos para evaluar nuestro éxito y realizar ajustes. A medida que navegamos por el viaje hacia la prosperidad financiera, las metas nos brindan dirección y nos permiten tomar decisiones informadas y estratégicas que nos llevan hacia un futuro económico más brillante.

INDICADORES CLAVE DE DESEMPEÑO

Los Indicadores Clave de Desempeño (KPIs por sus siglas en inglés) son herramientas fundamentales en la gestión financiera y patrimonial. Estos indicadores proporcionan información valiosa sobre el progreso hacia los objetivos financieros y patrimoniales, permitiendo tomar decisiones informadas y estratégicas. Al ser medibles y cuantificables, los KPIs ofrecen una visión clara y objetiva del estado de las finanzas y la construcción patrimonial.

Los Indicadores Clave de Desempeño deben alinearse perfectamente con la filosofía de establecer objetivos coherentes y realistas, y tomar medidas para alcanzarlos. A continuación, te mostramos como los KPIs pueden utilizarse de manera efectiva en la planificación financiera y patrimonial:

Medición de progreso:

Los KPIs proporcionan una forma tangible de medir el progreso hacia tus objetivos financieros y patrimoniales. Por ejemplo, si uno de tus objetivos es acumular $1,000,000 para el retiro, un KPI podría ser el saldo acumulado en tu cuenta de inversión. Medir regularmente este KPI te permitirá evaluar si estás en camino para alcanzar tu objetivo o si es necesario realizar ajustes en tu estrategia.

Toma de decisiones informadas:

Los KPIs ofrecen una base objetiva para tomar decisiones financieras y patrimoniales. Al observar cómo los indicadores cambian con el tiempo, puedes identificar tendencias y patrones. Si un KPI muestra un rendimiento por debajo de lo esperado, puedes analizar las posibles causas y tomar medidas correctivas antes de que los problemas se agraven.

Ajuste estratégico:

Los KPIs son herramientas dinámicas que te permiten ajustar tu estrategia según sea necesario. Si un KPI muestra un rendimiento excelente en una área, podrías considerar asignar más recursos allí para maximizar los resultados. Por otro lado, si un KPI muestra un bajo desempeño en otra área, podrías modificar tu enfoque para mejorar los resultados.

Algunos ejemplos de KPIs:

- Saldo del Fondo de Emergencia.

- Rendimiento de inversiones.

- Ahorro acumulado mensualmente.

- Deuda total y proporción de deuda a ingresos.

- Tasa de ahorro para el retiro.

- Ingresos pasivos generados.

La clave para usar los Indicadores Clave de Desempeño efectivamente es seleccionar los que mejor se alineen con tus objetivos y situación financiera. Revísalos regularmente, mantén un registro y analiza cómo afectan tu progreso patrimonial. Al emplear KPIs en tu planificación financiera y patrimonial, estarás mejor equipado para tomar decisiones inteligentes y estratégicas que te guíen hacia la creación, conservación, protección, consolidación y blindaje de tu patrimonio.

LOS OKRS (OBJECTIVES AND KEY RESULTS)

Los OKRs (Objectives and Key Results) son una poderosa metodología de gestión que se utiliza para establecer objetivos ambiciosos y medibles junto con los resultados clave que indican el progreso hacia esos objetivos. Consisten en dos componentes principales: los "Objetivos" definen lo que se quiere lograr, proporcionando una dirección clara, y los "Resultados Clave" son indicadores específicos y medibles que miden el progreso hacia esos objetivos. Es importante destacar que los OKRs deben ser desafiantes pero alcanzables, fomentando el crecimiento y la mejora continua.

Para ilustrar, consideremos una empresa de tecnología que busca mejorar su participación de mercado. El "Objetivo" podría ser aumentar la cuota de mercado en un 15% en el próximo trimestre. Los "Resultados Clave" estarían vinculados a acciones específicas, como lanzar una nueva característica que atraiga a más usuarios, aumentar las conversiones en un 20% y mejorar la retención de clientes en un 10%. Al establecer estos OKRs, la empresa tiene un marco claro para medir y mejorar su rendimiento.

Los OKRs complementan los KPIs (Key Performance Indicators) al proporcionar una estructura más estratégica y centrada en los resultados. Mientras que los KPIs se centran en métricas específicas que indican el rendimiento actual, los OKRs brindan una visión más holística al alinear los objetivos con la misión y visión de la organización. Juntos, estos enfoques brindan una comprensión completa del rendimiento y la dirección de la empresa.

LOS TRES OBJETIVOS PARA DARLE ESTABILIDAD A NUESTRA ESTRATEGIA DE BLINDAJE PATRIMONIAL

Establecer objetivos sólidos para tu meta de blindaje patrimonial es fundamental para guiar tus esfuerzos. Es muy recomendable que tu estrategia considere objetivos no solamente financieros, sino también personales y filantrópicos de forma que se constituyan una auténtica meta patrimonial, estable y trascendente.

A continuación, te mostramos algunos ejemplos:

Ejemplo de objetivo personal: "Desarrollar competencias para la gestión de conflictos..."

- Desarrollar habilidades de comunicación efectiva y empatía.

- Aprender a identificar y resolver conflictos de manera constructiva.

- Participar en cursos o talleres de gestión de conflictos.

- Aplicar estas competencias en tus relaciones personales y profesionales.

Ejemplo de objetivo financiero: "Incrementar las ventas en un 40%..."

- Realizar un análisis de mercado para identificar oportunidades de crecimiento.

- Implementar estrategias de marketing digital para llegar a una audiencia más amplia.

- Capacitar a tu equipo en técnicas de ventas y atención al cliente.

- Establecer indicadores clave de desempeño para medir el progreso.

Ejemplo de objetivo filantrópico: "Crear una institución de asistencia para ayuda a adultos mayores…"

- Investigar las necesidades de la comunidad local en términos de atención a adultos mayores.

- Establecer alianzas con organizaciones y profesionales de la salud.

- Diseñar un plan de negocios y un modelo de financiamiento sostenible.

- Iniciar el proceso de registro y obtención de permisos necesarios.

- Llevar a cabo actividades de recaudación de fondos y sensibilización.

Contar con tres objetivos (personal, financiero y filantrópico) te permitirá mejorar tus habilidades personales, fortalecer tu situación financiera y contribuir positivamente a la comunidad a través de una institución de asistencia para adultos mayores. Asegúrate de establecer plazos y métricas específicas para cada uno de ellos, lo que te ayudará a dar seguimiento a tu progreso y mantenerte enfocado en tu meta de blindaje patrimonial.

VIIc. ESTRATEGIA DE BLINDAJE PATRIMONIAL EN UNA PÁGINA

La estrategia de blindaje patrimonial en una página es una herramienta poderosa para integrar y gestionar las tácticas de protección patrimonial de manera efectiva. En ella, se resumen los elementos clave de tu enfoque de seguridad financiera, desde la mejora de tus habilidades personales hasta las medidas financieras específicas. Utiliza esta página para tener una visión completa de tus metas, plazos y prioridades. Considera los aspectos personales, financieros y filantrópicos, y asegúrate de que cada táctica contribuye al logro de tus objetivos. Al mantener esta estrategia actualizada y a la vista, te recordará constantemente tus prioridades y te ayudará a tomar decisiones financieras informadas para proteger y consolidar tu patrimonio.

METODOLOGÍA PARA ELEGIR TÁCTICAS DE PLANEACIÓN PATRIMONIAL EFECTIVAS

Para elegir las tácticas adecuadas de planeación patrimonial que se describen en este libro, es crucial seguir una metodología paso a paso que permita a cualquier persona crear un plan efectivo y personalizado para crear, proteger y consolidar su patrimonio. Aquí presentamos una metodología sencilla y práctica:

Paso 1:

Autoevaluación y definición de objetivos

Antes de seleccionar tácticas específicas, es fundamental realizar una autoevaluación honesta de la situación financiera, las metas y los valores personales. Define tus objetivos claros y realistas para el patrimonio que deseas construir. Considera tus necesidades actuales y futuras, así como tus aspiraciones a largo plazo.

Paso 2:

Educación financiera

Antes de tomar decisiones importantes, es vital educarse sobre las diferentes tácticas de planeación patrimonial disponibles. Lee libros, asiste a seminarios, busca consejos de expertos y consulta fuentes confiables. Comprender las opciones disponibles te permitirá tomar decisiones informadas y estratégicas.

Paso 3:

Identificación de tácticas relevantes

Revisa el índice de este libro y familiarízate con las tácticas de planeación patrimonial presentadas. Identifica aquellas que resuenan con tus objetivos y situación personal. Considera la diversificación de activos, protección legal, estrategias fiscales, planificación sucesoria y más.

Paso 4:

Consulta con profesionales

Para tomar decisiones informadas y personalizadas, busca el consejo de profesionales financieros, asesores patrimoniales y abogados especializados en planeación patrimonial. Comparte tus objetivos y situación financiera para recibir recomendaciones específicas basadas en tu caso.

Paso 5:

Evaluación de riesgos y beneficios

Cada táctica tiene sus propios riesgos y beneficios. Evalúa cuidadosamente cómo cada táctica se alinea con tus objetivos, tolerancia al riesgo y situación financiera. Considera factores como la liquidez, la volatilidad, los posibles impactos fiscales y legales.

Paso 6:

Personalización del plan

Una vez que hayas seleccionado las tácticas que mejor se ajustan a tus objetivos, personaliza un plan que combine estas tácticas de manera coherente y estratégica. Diseña un plan que tenga en cuenta tus necesidades únicas, como la protección de activos, la generación de ingresos pasivos y la planificación sucesoria.

Paso 7:

Implementación y monitoreo continuo

Pon en marcha tu plan de planeación patrimonial y asegúrate de implementar cada táctica de manera diligente. A lo largo del tiempo, monitorea regularmente tu plan y realiza ajustes según sea necesario. Mantente informado sobre cambios en las leyes fiscales, económicas y legales que puedan afectar tu estrategia.

Paso 8:

Revisión periódica

Realiza revisiones periódicas de tu plan de planeación patrimonial para asegurarte de que siga alineado con tus objetivos cambiantes y las condiciones económicas. Revisa y ajusta tus tácticas según sea necesario para garantizar la efectividad continua de tu plan.

La metodología para elegir tácticas de planeación patrimonial efectivas implica una combinación de autoevaluación, educación financiera, consulta con profesionales, evaluación de riesgos y beneficios, personalización del plan, implementación y monitoreo continuo, y revisión periódica. Siguiendo este proceso paso a paso, cualquier persona puede crear un plan de planeación patrimonial sólido y estratégico para generar, proteger, consolidar y blindar su patrimonio de manera efectiva.

ESTRATEGIA PATRIMONIAL EN UNA PÁGINA

Nombre:_____

Fecha: _____

Objetivos Patrimoniales:

Objetivo Personal: (Ejemplo: Garantizar la educación universitaria de mis hijos)

Objetivo Financiero: (Ejemplo: Acumular $1,000,000 para mi jubilación)

Objetivo Altruista: (Ejemplo: Contribuir a organizaciones benéficas locales)

Tácticas Seleccionadas:

Táctica 1: (Ejemplo: Invertir en ETFs para el crecimiento a largo plazo)

Táctica 2: (Ejemplo: Crear un fondo de emergencia equivalente a 6 meses de gastos)

Táctica 3: (Ejemplo: Establecer un plan de ahorro automático del 10% de mis ingresos)

Táctica 4: (Ejemplo: Realizar donaciones regulares a organizaciones benéficas)

Táctica 5: (Ejemplo: Explorar oportunidades de ingresos pasivos en bienes raíces)

Planificación Sucesoria:

Nombrar a un apoderado legal para decisiones en caso de incapacidad

Elaborar un testamento detallando la distribución de activos y bienes

Designar beneficiarios en cuentas de inversión y seguros de vida

Evaluación y Ajustes:

Revisar la estrategia cada año para asegurarse de que se alinee con los objetivos cambiantes y las condiciones económicas.

Ajustar las tácticas según sea necesario en función de cambios en la vida personal, económica o legal.

Indicadores Clave de Desempeño:

Saldo del fondo de emergencia: $_____

Ahorro mensual acumulado: $_____

Rendimiento de inversiones a un año: _____%

Notas y Observaciones:

(Espacio para anotaciones adicionales y observaciones sobre la estrategia patrimonial)

Recuerda que esta plantilla es un punto de partida para crear tu estrategia patrimonial en una página. Personaliza cada sección según tus objetivos, situación financiera y preferencias personales. Mantén esta estrategia a la vista y revísala periódicamente para asegurarte de que esté alineada con tus metas financieras y patrimoniales.

METODOLOGÍA PARA LA REVISIÓN Y AJUSTE DE LA PLANEACIÓN PATRIMONIAL

La revisión periódica y ajuste de la planeación patrimonial es esencial para garantizar que tus objetivos financieros y patrimoniales se mantengan en el rumbo correcto. Siguiendo una metodología estructurada, podrás evaluar tus avances, identificar desviaciones y tomar medidas para realizar ajustes necesarios. Aquí presentamos una metodología efectiva:

1. Establece frecuencia y rutina:

Determina con qué frecuencia revisarás tu planeación patrimonial. Puede ser trimestral, semestral o anual. Establece una fecha fija para cada revisión y asegúrate de mantener esta rutina.

2. Recopila información actualizada:

Reúne todos los datos financieros relevantes, como saldos de cuentas, inversiones, deudas, ingresos y gastos. Actualiza tu panorama financiero antes de cada revisión.

3. Evalúa indicadores clave de desempeño:

Analiza tus KPIs para medir tu progreso. Compara los resultados actuales con los objetivos establecidos. Identifica si estás cumpliendo, superando o quedando atrás en relación con tus metas.

4. Analiza cambios y tendencias:

Observa si ha habido cambios significativos en tus circunstancias financieras o patrimoniales. Analiza las tendencias a lo largo del tiempo para detectar patrones y desviaciones.

5. **Identifica desviaciones y causas:**

Si detectas desviaciones en tus KPIs, profundiza para identificar las causas. Puede haber factores externos, decisiones personales o cambios en el entorno económico que influyan.

6. **Toma decisiones informativas:**

Basándote en el análisis, toma decisiones informadas sobre los ajustes necesarios en tu estrategia patrimonial. Evalúa si es necesario modificar tácticas, objetivos o plazos.

7. **Ajusta tu estrategia:**

Realiza los ajustes necesarios en función de tus hallazgos. Puedes modificar tus tácticas, aumentar el ahorro, ajustar inversiones o reenfocar tus objetivos según lo que sea más adecuado.

8. **Define acciones específicas:**

Diseña acciones concretas para implementar los ajustes. Establece plazos y responsables para cada acción. Esto asegurará que tus ajustes se lleven a cabo de manera efectiva.

9. **Mantén registros detallados:**

Documenta los cambios realizados y los resultados esperados. Mantén registros detallados de cada revisión y ajuste para tener un historial de tu progreso y decisiones.

10. **Revisa y repite:**

Después de implementar los ajustes, continúa monitoreando tus KPIs y evaluando tus resultados. Repite el proceso de revisión y ajuste de manera regular para mantener tu estrategia patrimonial en línea con tus objetivos.

La metodología de revisión y ajuste garantiza que tu plan de planeación patrimonial sea dinámico y responda a los cambios en tu vida y en el entorno financiero. Al adoptar un enfoque estructurado, estarás en una posición sólida para adaptarte a las circunstancias cambiantes y asegurarte de que estás en camino hacia la construcción, protección y multiplicación efectiva de tu patrimonio.

VIId. EL MODELO DE LAS 5Cs DE GESTIÓN PATRIMONIAL

El modelo de las 5Cs de la Gestión Patrimonial es un excelente enfoque para comprender la construcción patrimonial y cómo cada uno de nosotros puede emprender ese viaje hacia el éxito financiero y patrimonial. Utilizar el modelo de las 5 Cs de la Gestión Patrimonial, puede ayudarnos a abordar este proceso de manera más estructurada y reflexiva.

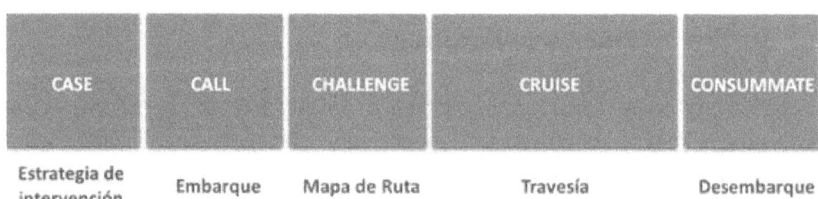

CASE	CALL	CHALLENGE	CRUISE	CONSUMMATE
Estrategia de intervención	Embarque	Mapa de Ruta	Travesía	Desembarque

Case (Caso): Aquí estás estableciendo el caso, comprendiendo tu situación actual y pasada, evaluando tus resultados financieros y patrimoniales, y preparándote para el cambio. Este es el punto de partida, donde identificas tus valores y defines tu propósito y estrategia. Es como trazar un mapa antes de comenzar una travesía.

Call (Llamado): La etapa del llamado es crucial, ya que es cuando recibes la inspiración y la visión. Te das cuenta de que hay algo más grande que tú, un propósito que te motiva a tomar acción. Puedes considerar esto como el punto en el que decides embarcarte en el viaje hacia la construcción patrimonial, un llamado a la aventura financiera.

Challenge (Desafío): Aquí comienzas a enfrentar los retos del viaje. Es el momento en que te atreves a tomar el reto y te embarcas en la travesía hacia tu visión patrimonial. Este desafío implica no solo acciones externas, como inversiones y decisiones financieras, sino también la preparación interna, incluyendo tu mentalidad y motivación.

Cruise (Navegación): Durante la navegación, experimentas el viaje en sí. Enfrentas obstáculos y desafíos, pero también puedes unirte con otros, como un asesor financiero o grupos de inversión. Es una etapa de aprendizaje y crecimiento, donde te enfrentas a tus propios obstáculos internos y buscas soluciones.

Consummate (Consumación): Finalmente, llegas a la consumación, donde has alcanzado tu visión patrimonial. Has creado, conservado, protegido, consolidado y blindado tu patrimonio, y te sientes más fuerte y experimentado. También podrías considerar nuevas travesías o desafíos en esta etapa.

El modelo de las 5 Cs de la Gestión Patrimonial es una guía valiosa para abordar la construcción patrimonial de manera estructurada y efectiva. Te invita a explorar tus valores, escuchar tu llamado a la aventura financiera, superar desafíos y navegar hacia el éxito patrimonial, culminando en la consumación de tus metas financieras y patrimoniales. Este modelo te permite comprender que la construcción patrimonial es un viaje que combina la preparación, la inspiración, la acción, la navegación y el logro de tus objetivos.

WARREN BUFFER: EL ORÁCULO DE OMAHA

Sin duda, uno de los ejemplos más destacados que se ajusta al modelo de las 5Cs de la Gestión Patrimonial es el del multimillonario y emprendedor Warren Buffett. Warren Buffett es ampliamente reconocido como uno de los inversores más exitosos y uno de los hombres más ricos del mundo. Aquí está su historia de éxito:

Case (Caso): Warren Buffett comenzó su viaje hacia el éxito financiero desde una edad temprana. Desde que era un niño, mostró un interés en el mundo de las inversiones. Comenzó a estudiar y leer libros sobre el tema, lo que lo llevó a comprar sus primeras acciones a los 11 años. Su "Caso" se basó en una profunda curiosidad por el mundo financiero y una dedicación temprana para aprender sobre él.

Call (Llamado): El "Llamado" de Warren Buffett vino en forma de una visión clara de cómo funcionan los mercados financieros y cómo podría aprovechar esa comprensión para acumular riqueza. Su llamado era el deseo ferviente de convertirse en uno de los mejores inversionistas del mundo. Este deseo lo impulsó a tomar medidas audaces y persistentes.

Challenge (Desafío): Buffett enfrentó muchos desafíos a lo largo de su carrera, pero su determinación y sus estrategias bien pensadas lo ayudaron a superarlos. Una de las claves de su éxito fue su paciencia y su disposición a mantener sus inversiones a largo plazo, incluso cuando los mercados eran volátiles.

Cruise (Navegar): Buffett ha navegado a lo largo de su carrera invirtiendo en empresas sólidas y estableciendo un conglomerado exitoso bajo su empresa matriz, Berkshire Hathaway. Ha realizado inversiones inteligentes y ha adquirido muchas empresas, lo que ha llevado a un crecimiento constante de su riqueza.

Consummate (Consumar): Warren Buffett ha alcanzado su punto de consumación acumulando una riqueza impresionante y convirtiéndose en uno de los filántropos más generosos del mundo. Su legado no solo se trata de su éxito financiero, sino también de su compromiso con la caridad y la contribución a la sociedad.

Warren Buffett ejemplifica las 5Cs de la Gestión Patrimonial al haber identificado su llamado temprano en la vida, enfrentado desafíos con determinación y paciencia, y construido un legado duradero. Su éxito es un recordatorio de cómo una mentalidad enfocada en la gestión patrimonial puede llevar a resultados significativos y duraderos.

VIIe. LA CAUSA

El blindaje patrimonial tiene como su raíz fundamental la búsqueda de la felicidad y la realización personal. Para alcanzar este estado deseado, pasamos por un proceso de tres etapas cruciales. En primer lugar, buscamos el balance **(1er orden)**, lo que significa encontrar una armonía entre nuestros bienes materiales y trascendentales. Esta etapa nos lleva a reconocer que los activos tangibles y los activos intangibles son igualmente importantes para nuestro bienestar.

Luego, avanzamos hacia la estabilidad **(2do orden)**, una fase en la que enfocamos nuestra atención en los bienes esenciales. Aquí, nos conocemos a nosotros mismos más profundamente, cultivando nuestras habilidades personales y emocionales, y construyendo relaciones sólidas. Esto nos brinda una base sólida para afrontar los desafíos y las incertidumbres que la vida y las finanzas nos presentan.

Finalmente, en la cima de este viaje, encontramos la felicidad verdadera **(3er orden)** al reconocer que nuestros bienes trascendentales y materiales se complementan mutuamente y contribuyen a nuestra realización personal.

Esta realización es la verdadera causa del blindaje patrimonial, y es un camino que implica encontrar un equilibrio entre lo que tenemos y quiénes somos.

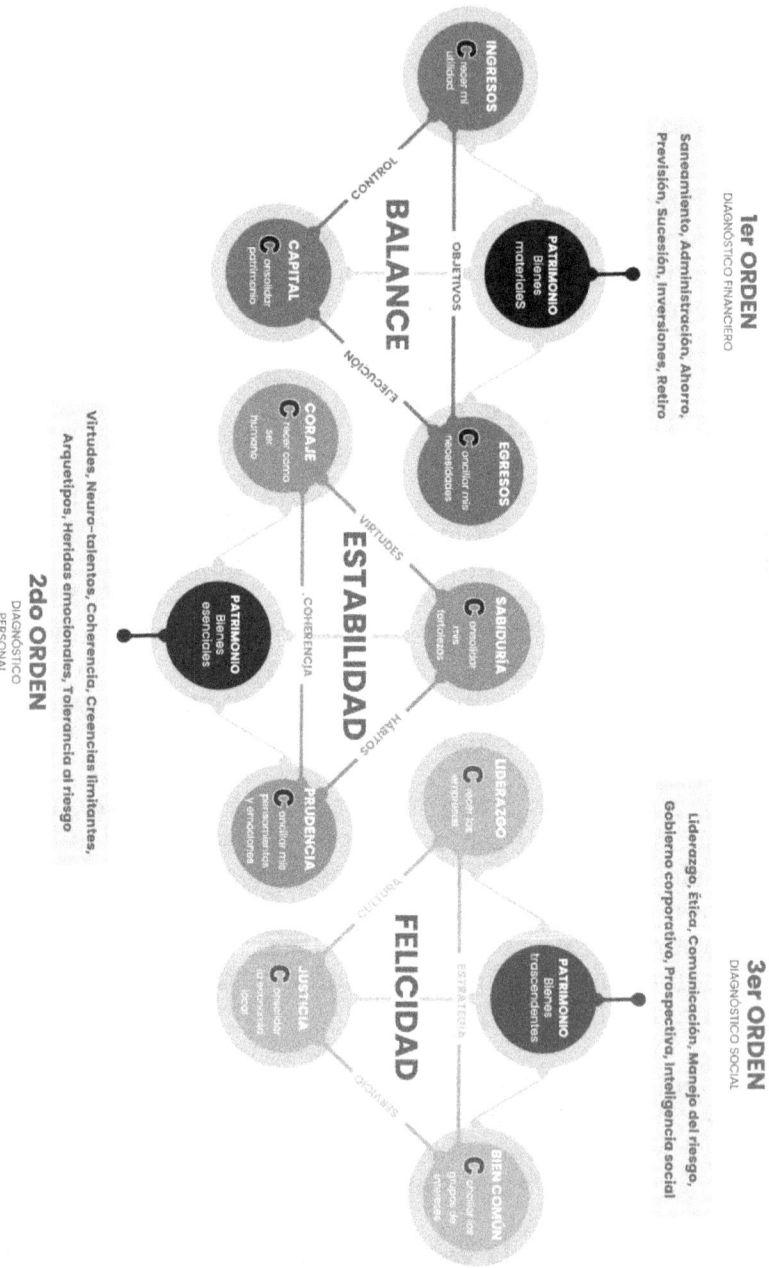

1er ORDEN
DIAGNÓSTICO FINANCIERO

Saneamiento, Administración, Ahorro, Previsión, Sucesión, Inversiones, Retiro

2do ORDEN
DIAGNÓSTICO PERSONAL

Virtudes, Neuro-talentos, Coherencia, Creencias limitantes, Arquetipos, Heridas emocionales, Tolerancia al riesgo

3er ORDEN
DIAGNÓSTICO SOCIAL

Liderazgo, Ética, Comunicación, Manejo del riesgo, Gobierno corporativo, Prospectiva, Inteligencia social

EL DESARROLLO DE LA CONCIENCIA PATRIMONIAL

Solamente con propósitos didácticos hemos elaborado este cuadro comparativo (siguiente página) que describe (del lado izquierdo) las etapas del desarrollo la conciencia y en la parte superior las siete preguntas del ciclo de desarrollo patrimonial que describirnos en nuestro libro: "El Corazón de mi Patrimonio".

Con esta tabla solemos cerrar nuestro Programa Financiero Integral explicando la importancia que tiene abrirnos a nuevas posibilidades y tácticas de generación, conservación, protección, consolidación y blindaje patrimonial.

LA CAUSA TAMBIÉN ES ABRIR EL CORAZÓN

Abrir el corazón es la única causa para lograr resultados diferentes. Encontrar nuestro deseo ferviente, aprender a amarnos y respetarnos son los ingredientes más importantes para blindar nuestro patrimonio. Para encontrar la serenidad y construir una sociedad más justa y equitativa, para hacer cultura patrimonial.

Y abrir el corazón para blindar nuestro patrimonio es el verdadero significado de **Heartfulness Financiero...**

DESARROLLO DE LA CONCIENCIA

CICLO DE DESARROLLO PATRIMONIAL

	¿Cómo creo?	¿Cómo Administro?	¿Cómo ahorro?	¿Cómo invierto?	¿Cómo disfruto?	¿Cómo heredo?	¿Cómo comparto?
HOMBRE PRIMITIVO	CREENCIAS LIMITANTES	DEUDAS	TANDAS	PIRÁMIDES	CULPA	DESORDEN	INDIFERENCIA E IGNORANCIA
HOMBRE MODERNO	MUNDO FÍSICO / COGNITIVO	SANEAMIENTO	AHORRO ESPORÁDICO	INVERSIONES TEMERARIAS	ESTRÉS Y ANSIEDAD	COMENTANDO	ALTRUISMO
EL HACKER DE LA CULTURA	PREGUNTAS PODEROSAS	FINANZAS PERSONALES	AHORRO FORMAL Y SISTEMÁTICO	NEGOCIOS	VIDA SANA Y SILENCIO INTERIOR	TESTAMENTO IGUALITARIO	PROCURA EL BIEN COMÚN
COHERENCIA ONTOLÓGICA	CONEXIÓN, INSPIRACIÓN E INTUICIÓN	GENERACIÓN DE INGRESOS PASIVOS	PREVISIÓN DE RIESGOS	INVERSIONES OSADAS	PAZ Y SERENIDAD	TESTAMENTO CON EQUIDAD	FILANTROPÍA
CONCIENCIA PLENA	SENTIMIENTO DEL DESEO CUMPLIDO	LIBERTAD FINANCIERA	PLAN PERSONAL DE RETIRO	FIDEICOMISOS DE INVERSIÓN	VIDA CON PROPÓSITO	FIDEICOMISO PATRIMONIAL	TRASCENDENCIA

APÉNDICE

Test para calcular el coeficiente de inteligencia patrimonial

A continuación, te presento un breve test con 20 reactivos diseñados para evaluar el coeficiente de inteligencia patrimonial. Responde cada pregunta de manera honesta y reflexiva:

¿Con qué frecuencia reflexionas sobre tus creencias y valores financieros?

a. Siempre

b. A menudo

c. Ocasionalmente

d. Raramente

e. Nunca

¿Cómo manejas las emociones relacionadas con las decisiones financieras?

a. Con mucha calma y reflexión

b. De manera equilibrada

c. A veces me dejo llevar

d. Con dificultad

e. Me dejo llevar por las emociones

¿Cuánto consideras las necesidades financieras y emocionales de los demás al tomar decisiones patrimoniales?

a. Siempre las considero

b. Con frecuencia

c. A veces

d. Raramente

e. Nunca las considero

¿Cuál es tu nivel de motivación para alcanzar metas financieras a largo plazo?

a. Muy alto

b. Alto

c. Moderado

d. Bajo

e. Muy bajo

¿Cómo te describes en términos de habilidades sociales para gestionar asuntos financieros con otros?

a. Excelente

b. Bueno

c. Aceptable

d. Limitado

e. Muy limitado

¿Qué tan familiarizado estás con conceptos financieros, como inversiones y planificación fiscal?

   a. Muy familiarizado

   b. Familiarizado

   c. Algo familiarizado

   d. Poco familiarizado

   e. Nada familiarizado

¿Cómo gestionas los riesgos financieros en tu vida?

   a. Siempre estoy prevenido

   b. Con precaución

   c. A veces me arriesgo

   d. Raramente considero los riesgos

   e. Nunca considero los riesgos

¿Cómo describirías tu capacidad para liderar y motivar a otros en temas financieros?

   a. Excelente líder y motivador

   b. Buen líder y motivador

   c. Aceptable líder y motivador

   d. Limitado líder y motivador

   e. Muy limitado líder y motivador

¿Cuánto tiempo dedicas a educarte continuamente sobre temas financieros?

    a. Mucho tiempo

    b. Un tiempo considerable

    c. Algo de tiempo

    d. Poco tiempo

    e. Ningún tiempo

¿Con qué frecuencia revisas y ajustas tu plan financiero personal?

    a. Regularmente

    b. De vez en cuando

    c. Ocasionalmente

    d. Raramente

    e. Nunca

¿Cómo describirías tu capacidad para anticipar y resolver conflictos relacionados con el patrimonio?

    a. Excelente

    b. Buena

    c. Aceptable

    d. Limitada

    e. Muy limitada

¿Cuál es tu enfoque principal al evaluar nuevas oportunidades de inversión?

a. Análisis exhaustivo y evaluación de riesgos

b. Evaluación equilibrada

c. Intuición y corazonada

d. Impulsividad

e. Sin evaluación, me arriesgo

¿Cómo describirías tu capacidad para mantener un equilibrio entre el trabajo y la vida personal?

a. Excelente equilibrio

b. Buen equilibrio

c. Aceptable equilibrio

d. Desbalanceado

e. Muy desbalanceado

¿Cuál es tu nivel de paciencia al enfrentar desafíos financieros a largo plazo?

a. Muy paciente

b. Paciente

c. Neutral

d. Impaciente

e. Muy impaciente

¿Cuánto conoces sobre las estrategias de marketing digital y su aplicación en el ámbito financiero?

a. Mucho conocimiento

b. Conocimiento adecuado

c. Conocimiento básico

d. Poco conocimiento

e. Ningún conocimiento

¿Cómo describirías tu capacidad para adaptarte a cambios en el entorno financiero global?

a. Muy adaptable

b. Adaptable

c. Neutral

d. Poco adaptable

e. Muy poco adaptable

¿Cuál es tu nivel de habilidad para negociar acuerdos financieros de manera efectiva?

a. Muy hábil

b. Hábil

c. Aceptable

d. Limitado

e. Muy limitado

¿Cómo gestionas la presión financiera en situaciones adversas?

a. Mantengo la calma y busco soluciones

b. Manejo bien la presión

c. A veces me afecta

d. Me afecta significativamente

e. Me abruma completamente

¿Cuál es tu enfoque principal al enfrentar situaciones financieras imprevistas?

a. Planificación y acción inmediata

b. Evaluación y respuesta equilibrada

c. Espero a ver cómo se desarrolla

d. Reacción impulsiva

e. No tomo ninguna acción

¿Qué tanto consideras la dimensión filantrópica al planificar tu patrimonio?

a. Es una prioridad significativa

b. La considero

c. A veces la considero

d. Raramente la considero

e. No la considero en absoluto

Suma los puntos asignados a tus respuestas:

A = 5 puntos

B = 4 puntos

C = 3 puntos

D = 2 puntos

E = 1 punto

¡Totaliza tus puntos y descubre tu coeficiente de inteligencia patrimonial!

SOBRE LOS AUTORES

Carlos Enrique Garcés Ventosa

Como asesor financiero, los últimos 30 años ha ayudado a cientos de familias y empresarios a generar, conservar, proteger, consolidar y blindar su patrimonio.

Actualmente es Fundador y Socio director de CG Asesores Patrimoniales S.C. y director del Instituto de Alto Desempeño Empresarial.

En sus tres libros: El corazón de mi patrimonio, Descubre los secretos del coaching patrimonial y Estratega patrimonial hecho en México, vuelca partes sustanciales de su proceso personal.

Nació en la Ciudad de México y estudió la carrera de ingeniería civil en la Universidad Anáhuac y el Máster en Dirección de empresas en el IPADE Business School. Estudió también la maestría en Derecho Corporativo.

Saúl Sánchez Macías

Coach ejecutivo, consultor organizacional y emprendedor.

En los últimos veinticinco años ha sido consultor y ha dirigido proyectos en México, Estados Unidos, España y Alemania.

Actualmente radica unos meses en México dedicándose a la valuación y capitalización de activos intangibles, y a la generación de fNFTs (financial Non Fungible Tokens) para empresas y proyectos; y otros meses en España donde tiene una empresa enfocada a la tokenización de activos (crowdfunding digital regulado por la Comisión Nacional del Mercado de Valores – security y utility tokens –) enfocado a la capitalización de proyectos en diversos sectores como el inmobiliario, el de agro-negocios, el de energías limpias y el de franquicias.

Sandra Valdez Ares

Ingeniero industrial por la UPAEP y MBA con especialidad en finanzas por la UDLAP.

Consultora, facilitadora y coach ejecutivo que ayuda a los equipos de trabajo a mejorar sus Indicadores Clave de Desempeño (KPIs) a través herramientas de inteligencia emocional, mindfulness y PNL, haciendo conscientes fortalezas, talentos y objetivos para alcanzar resultados individuales, de equipo y de empresa o institucionales.

Ha cursado diplomados como: Administración financiera (ITESM), Gestión de riesgos crediticios (ITESM), Programa de Gobierno Corporativo (IPADE) y Lean Services (Universidad Anáhuac). Ha obtenido diversas certificaciones como: Competencias del Pensamiento Creativo (ITESM), Inteligencia Emocional y PNL (Instituto Knesix), Coach Ejecutivo (Coaching en Acción) y Negociación y manejo de conflictos

Imparte clases en diplomados y seminarios de distintas universidades, empresas privadas y el sector público. Imparte también conferencias de empoderamiento de la mujer y liderazgo emocional.

www.ingramcontent.com/pod-product-compliance
Lightning Source LLC
Chambersburg PA
CBHW072142290526
45794CB00004B/1397